Das professionelle 1x1

Stephan Schäfer-Mehdi

Event-Marketing

Kommunikationsstrategie
Konzeption und Umsetzung
Dramaturgie und Inszenierung

3. Auflage

Die Internet-Adressen und -Dateien, die in diesem Buch angegeben sind, wurden vor Drucklegung geprüft. Der Verlag übernimmt keine Gewähr für die Aktualität und den Inhalt dieser Adressen und Dateien und solcher, die mit ihnen verlinkt sind.
Die Erwähnung findenden Firmen- und Markennamen, Wort- und Bildmarken, Soft- und Hardwarebezeichnungen sind im Allgemeinen durch die Bestimmungen des gewerblichen Rechtsschutzes geschützt.

Verlagsredaktion: Ralf Boden
Umschlaggestaltung: Magdalene Krumbeck, Wuppertal
Titelfoto: ©fotointer.net
Layout und technische Umsetzung: Text & Form, Karon/Düsseldorf

Informationen über Cornelsen Fachbücher und Zusatzangebote:
www.cornelsen.de/berufskompetenz

3. Auflage

© 2009 Cornelsen Verlag Scriptor GmbH & Co. KG, Berlin

Das Werk und seine Teile sind urheberrechtlich geschützt.
Jede Nutzung in anderen als den gesetzlich zugelassenen Fällen
bedarf der vorherigen schriftlichen Einwilligung des Verlages.
Hinweis zu den §§ 46, 52 a UrhG: Weder das Werk noch seine Teile
dürfen ohne eine solche Einwilligung eingescannt und in ein Netzwerk
eingestellt oder sonst öffentlich zugänglich gemacht werden. Dies gilt
auch für Intranets von Schulen und sonstigen Bildungseinrichtungen.

Druck: Druckhaus Thomas Müntzer, Bad Langensalza

ISBN 978-3-589-23703-6

 Inhalt gedruckt auf säurefreiem Papier aus nachhaltiger Forstwirtschaft.

Zum Autor

Stephan Schäfer-Mehdi ist mit Seele, Verstand und Physis Eventmanager. Als Chief Creative Officer der VOK DAMS GRUPPE verantwortet er die Kreation und Konzeption von Events und Inszenierungen für Kunden wie PUMA, DEUTSCHE BANK oder MERCEDES-BENZ. Vorherige Stationen waren QUASAR COMMUNICATIONS und als Freelancer Agenturen wie GEMADI oder BENTZIEN KOMMUNIKATION. Seine Projekte wurden und werden mit nationalen und internationalen Awards ausgezeichnet. Er ist Mitglied im ART DIRECTORS CLUB FÜR DEUTSCHLAND (ADC).

1972 hat er seine erste Veranstaltung geplant und umgesetzt. Seither war er für einige hundert Theaterproduktionen, Ausstellungen und Marketing-Events verantwortlich und arbeitete als Eventmanager für renommierte Agenturen und Kunden. Als Trainer und Referent konzipiert und betreut er Seminare. Seit 1996 auch für das IST-STUDIENINSTITUT FÜR KOMMUNIKATION und seit 2002 für EUROFORUM. Als Fachjournalist und Autor ist er ebenfalls aktiv. Sein hier vorliegendes Buch Event-Marketing (erste Auflage 2002) hat sich inzwischen als Standardwerk etabliert.

Vorwort

Events sind heute ein unentbehrliches Werkzeug in der Marketingkommunikation. Ihre Stärke liegt in der unmittelbaren Ansprache von Menschen. Doch von der ersten Idee bis zur Realisierung ist es ein weiter und zuweilen harter Weg.

Dieses Buch ist vom manchmal stressigen, immer spannenden, aber oft auch anregenden Alltag des Eventmanagers inspiriert. Wenn Sie erstmalig Veranstaltungen organisieren, merken Sie sehr schnell, wie groß das Abenteuer ist, auf das Sie sich einlassen. Von jedem einzelnen Planungsschritt hängt der spätere Erfolg ab. Hunderte Entscheidungen müssen Sie treffen. Eine Unmenge von Gesetzen und Vorschriften ist zu beachten. Und wenn die Veranstaltung dann endlich stattfindet, haben Sie nur eine einmalige Chance für Ihren Erfolg.

Events sind wie Expeditionen. Es braucht den erprobten Expeditionsleiter. Deshalb kann kein Buch die Erfahrung ersetzen. Aber es kann sie immerhin weitergeben. Sie finden alle Themen vor, die für einen erfolgreichen Event lebensnotwendig sind. Die Gliederung durch die W-Fragen „wer", „was", „warum" und „wie" soll Ihnen helfen, die gesuchte Information schnell zu finden. Jedes Kapitel steht für sich, weshalb eine hundertprozentige Trennschärfe nicht immer möglich ist.

Im Mittelpunkt steht aber immer der Teilnehmer und die Kommunikation mit ihm.

Ob Sie das Buch nun von der ersten bis zur letzten Seite lesen oder zum Nachschlagen einzelner Fragestellungen verwenden, ich wünsche Ihnen viele gelungene Expeditionen in die wunderbare Welt der Marketingevents.

Ein Dank gilt den inspirierenden Menschen, denen ich in über zwanzig Jahren Kultur- und Event-Management begegnet bin, ganz besonders der Choreografin Prof. Lynnda Curry, dem Theaterregisseur Andreas Schäfer, meinem langjährigen intellektuellen Widerpart Susanne Kappner, dem leider verstorbenen Maler Ernst Walsken, dem Menschbeweger Hajo Bentzien, Vok Dams und Colja M. Dams für ihr Verständnis für meine kreativen Freiräume. Danke den Bildlieferanten THEARTCORE, SHOWTEC und der VOK DAMS GRUPPE. Erwähnen will ich all die Freunde und Helfer, von A bis Z, die ich um kritischen Rat fragen konnte. Und meinem Lektor Ralf Boden für seine Geduld.

Wir vergessen in unserem fordernden Alltag immer häufiger das Erkennen, Zulassen und Fördern von Talenten, deshalb gilt ein besonderes Danke Hannelore und Karl-Heinz Schäfer, meinen Eltern.

Wuppertal, im Frühjahr 2002								*Stephan Schäfer*

Vorwort zur Dritten Auflage

Die Welt verändert sich rasant. Auch die Eventbranche hat einige Metamorphosen durchgemacht, seit dem Ersterscheinungstermin dieses Buches. Neue Begriffe kamen hinzu: Live-Marketing, Live-Communication, Brand Experience ... Oft tragen diese meist als Synonyme für den Begriff Event-Marketing eingeführten Termini nicht zu einer Klärung, sondern eher zu einer Vernebelung bei. Es gibt mehr als Events, weshalb Live-Kommunikation oder Live-Marketing als Überbegriff einen Sinn machen kann. Aber das Erfinden immer neuer Begriffe zu Abgrenzungszwecken einzelner Agenturen dient nicht der Seriosität.

Marketing-Events sind vom sprichwörtlichen Katzentisch der Kommunikation an die Haupttafel gerückt. Ihr Stellenwert ist konsolidiert. Und das ist gut so. Auch der Art Directors Club hat ihnen den Ritterschlag erteilt. Die oft kritische Diskussion der letzten Jahre fördert immer wieder verblüffend exzellente Ergebnisse zutage. Mehr davon. Ein anderes Zeichen für den Rang ist das Abflauen der Evaluierungs-Debatte. Zu nennenswerten Lösungen hat sie ohnehin nicht geführt. Und das ist, wie es den Anschein hat, nicht weiter tragisch.

Dieses Buch hat in den letzten Jahren offensichtlich einen gewissen Beitrag zu dieser Entwicklung geleistet, was nicht zuerst dem Autor, sondern den Lesern zu verdanken ist. Also Danke, dass Sie diesen Titel über die Jahre zu einem Standardwerk gemacht haben. Für die dritte Auflage wurden einige Überarbeitungen notwendig. Neue Techniken erlauben neue Ästhetik und Inszenierungen. Mein Ansatz war damals beim Schreiben, mehr Klarheit in die Branche zu bringen und mehr Qualität. Also auch bei LED und Medienservern heißt es, „Form follows Function". Konzeptionell sinnvoll angewendet lassen sich Markenbotschaften und Produkterlebnisse variantenreicher inszenieren. Aber das wäre Stoff für ein neues Buch.

Vielen Dank an meine Dauermuse, Kollegin und Ehefrau Alexandra Mehdi. Und hoffentlich werden die neugeborenen Söhne Carlo und Luis auch die zehnte überarbeitete Auflage mit einem kleinen bisschen Stolz lesen.

Wuppertal, im Herbst 2008   *Stephan Schäfer-Mehdi*

Inhaltsverzeichnis

Teil A Wer ist an Events beteiligt?

1 Vom Allerweltsevent zum Marketing-Event 9

2 Wer ist Ihre Zielgruppe? 10
2.1 Wer sind Ihre Teilnehmer? 11
2.2 Was wollen Sie bei den Teilnehmern Ihres Events erreichen? 13
2.3 Wer erwartet was und was ist die Zielgruppe gewöhnt? ... 18

3 Welche Agentur passt zu Ihnen? 19

4 Wer hilft Ihnen mit Wissen? ... 25

5 Wer zahlt was? 26

Teil B Was sind Events?

1 Von singulären Marketingaktionen zur vernetzten Kommunikation 27

2 Was sind Marketing-Events? 28

3 Welche Events gibt es eigentlich? 30
3.1 Was sind anlassbezogene Events? 31
3.2 Zu welchen Zwecken können zielbezogene Events eingesetzt werden? 31
3.2.1 Bewusstseinsbildung 31
3.2.2 Emotionalisierung 32
3.2.3 Information und Kommunikation 33
3.2.4 Produktkommunikation 35
3.2.5 Unternehmenskommunikation 36
3.2.6 Imagebildung 37
3.2.7 Ansprache von Multiplikatoren 38
3.2.8 Indirekte Ziele 39
3.2.9 Zielgruppenansprache (personenbezogen).......... 39

Teil C Warum richtet man Events aus?

1 Von der Einwegansprache zum interaktiven Live-Erlebnis.............. 41

2 Warum Event?............. 43
2.1 Psychologische Faktoren...... 43
2.2 Warum verschwinden die Unterschiede? 44
2.3 Soziale Faktoren 46

3 Die Zersplitterung der Märkte 49

Teil D Wie richtet man Events aus?

1 Das Konzept 50
1.1 Wie schreibe ich ein Konzept? 50
1.2 Das Konzept an sich 51
1.3 Das Innere des Konzeptes 54
1.4 Die äußere Form des Konzeptes............ 64

1.5	Die Recherche 68	4.2.1	Fremdleistungseinzelkosten ... 125
1.6	Die Präsentation 68	4.2.2	Die Selbstkosten 131

2 Kreativität: Wie entstehen Ideen? 69
2.1 Wer ist überhaupt kreativ? 71
2.2 Wie funktioniert der kreative Eventprozess? 73
2.2.1 *Auftrag* 73
2.2.2 *Sammlung* 73
2.2.3 *Brüten* 74
2.2.4 *Inspiration* 74
2.2.5 *Erste Überprüfung* 76
2.2.6 *Die Ausarbeitung* 84
2.2.7 *Die laufende Überprüfung* 84

5 Das „Wie" von Planung und Organisation 140
5.1 Aufgaben 143
5.2 Termine 144
5.3 Teamwork 144
5.4 Information und Dokumentation 145
5.5 Prioritätensetzung und Delegation 146
5.5.1 *Checkliste* 147
5.5.2 *Regieplan* 149
5.5.3 *Drehbuch* 151

3 Das „Wie" von Dramaturgie und Inszenierung 85
3.1 Die Dramaturgie 86
3.1.1 *Die äußere Bauform* 86
3.1.2 *Die innere Bauform* 89
3.1.3 *Die klassische Dramaturgie* ... 89
3.1.4 *Dramaturgische Finessen* 91
3.1.5 *Ganzheitliche Spannung* 92
3.2 Die Inszenierung und die szenischen Mittel 93
3.2.1 *Die Akteure* 95
3.2.2 *Sprache, Tanz, Musik* 97
3.2.3 *Bühne, Raum, Ausstattung* 99
3.2.4 *Bilder und Medien* 101
3.2.5 *Licht* 104
3.2.6 *Ton und Soundeffekte* 109
3.2.7 *Duft* 110
3.2.8 *Geschmack und Catering* 111
3.2.9 *Haptische Erlebnisse* 119
3.2.10 *Aktion* 119

6 Das „Wie" der wichtigen Gewerke 154
6.1 Haftung und Versicherungen 154
6.2 Berücksichtigung von CI, CC und CD 157
6.3 Regionale Besonderheiten 157
6.4 Die Teilnehmer 158
6.5 Reisen, Transfers und Transporte 164
6.6 Destination 166
6.7 Hotels 166
6.8 Location 169
6.9 Akteure und Künstler 177
6.10 Technik 178

7 Nach dem Event: Die Erfolgskontrolle 179
Nachwort 183

4 Das „Wie" der Kalkulation 121
4.1 Was kostet ein Event? 123
4.2 Die verschiedenen Kostenarten 123

Literaturhinweise 184
Nützliche Adressen 186
Stichwortverzeichnis 188

VOM ALLERWELTSEVENT ZUM MARKETING-EVENT

TEIL A WER IST AN EVENTS BETEILIGT?

In diesem Kapitel erfahren Sie, wer Events ausrichtet, für wen sie sinnvoll sind, wer Ihnen dabei hilft und wen Sie dazu einladen sollten.

1 VOM ALLERWELTSEVENT ZUM MARKETING-EVENT

Alle richten Events aus. Ob Unternehmen oder Parteien, Behörden oder Institutionen, ja sogar „ganz normale" Menschen machen Events. Der Begriff ist selbstverständlicher Teil des alltäglichen Wortschatzes. Es spielt keine Rolle, ob Sie „der Event" oder „das Event" sagen, da beide Varianten sprachlich korrekt sind.

Event heißt in seiner ursprünglichen Bedeutung nicht nur „Veranstaltung", sondern auch „Ereignis". Diese doppelte Bedeutung rechtfertigt es, den Anglizismus ohne schlechtes deutsches Sprachgewissen zu verwenden.

Der inflationäre Gebrauch des Wortes ist allerdings ein Problem. Alles scheint Event. Alles, was auch nur im entferntesten den Anschein eines Ereignisses hat, wird damit etikettiert. Lassen Sie uns also hier schon den Begriff Event auf das Kommunikationsinstrument einschränken: auf den Bereich des Marketing-Events.

Alles scheint Event

Marketing-Event

EIN MARKETING-EVENT IST EINE VERANSTALTUNG, DEREN ZWECK DAS ERREICHEN EINES VORHER DEFINIERTEN MARKETINGZIELS IST.

Und da Marketing Einzug in viele Gesellschaftsbereiche gehalten hat, beschränken sich diese Marketing-Events nicht mehr nur auf Unternehmen. Ministerien oder Behörden kommunizieren mit Events. Aufwändig inszenierte Wahlkampfevents gehören zum selbstverständlichen Instrumentarium der politischen Parteien. Und wenn Sie gut gearbeitet haben, kann die Veranstaltung zum Ereignis werden.

Jetzt wissen Sie grob, dass Marketing-Events zweckorientierte Veranstaltungen und im besten Falle auch zweckorien-

Event-Marketing

tierte Ereignisse sind. Aber damit bleibt zumindest eine Frage noch unbeantwortet, was denn dann Event-Marketing ist? Die Anwort ist ganz einfach:

Wenn Sie Marketing-Events als Massnahme in ihrer Kommunikation strategisch einsetzen, dann ist das Event-Marketing.

2 Wer ist Ihre Zielgruppe?

Wer muss zu dem Event eingeladen werden, um die Kommunikationsziele zu erreichen?

Formulieren wir es genauer: Wer muss zu dem Event eingeladen werden, um den Zweck, also die Kommunikationsziele, zu erreichen und wer hilft Ihnen dabei?

Veranstalter von Events stehen nicht alleine. Das Angebot an Helfern ist groß und jeden Tag kommen neue hinzu. Neben den eigentlichen Eventagenturen bieten Werbeagenturen, PR-Profis und Unternehmensberatungen ihre Unterstützung bei Marketing-Events an. Production Companies, die von der technischen Seite kommen, haben ihre Leistungsspektren ebenso wie die Caterer erweitert. Denn diese stellen heutzutage nicht mehr nur einen Lautsprecher, einen Scheinwerfer oder ein Fass Bier auf, sie sind oft auch schon in der gesamten Umsetzung und Logistik zu Hause. Doch wer ist der richtige Partner, um Ihr Kommunikationsziel zu erreichen?

Etliche Unternehmen gehen dabei inzwischen eigene Wege und bauen Eventabteilungen auf. Ihr Personal lassen sie aus- und weiterbilden. Es gibt ein unüberschaubares Angebot an Seminarveranstaltern und Weiterbildungsinstitutionen. Wer hilft Ihnen wirklich weiter?

Lange Zeit wurde der Begriff Event mit den Megashows gleichgesetzt, mit denen große Unternehmen ihre Produkte einführen. Die Mutter aller dieser Events ist nach wie vor die Automobilindustrie, die Tausende von Händlern oder Hunderte von Pressevertretern in die attraktivsten Veranstaltungsorte und Hotels weltweit zu ihren Premieren einlädt.

Nicht das Budget ist entscheidend, sondern die zielführende Kommunikation mit den Teilnehmern

Diese Fokussierung verstellt den Blick vor dem, was ein Event wirklich ist. Es kommt weder auf die Höhe eines Budgets, noch auf die Zahl der Teilnehmer und erst recht nicht auf die Unternehmensgröße des Veranstalters an, sondern lediglich auf das, was welcher Zielgruppe wie vermittelt werden soll.

WER SIND IHRE TEILNEHMER?

2.1 Wer sind Ihre Teilnehmer?

Machen Sie aus einer abstrakten Zielgruppe Ihre ganz konkreten Teilnehmer. Große Ideen schreiben nicht automatisch gigantische Budgets vor. Kreativität kennt keine finanziellen Grenzen. Phantasie ist der wichtigste Rohstoff, der allerdings durch die Filter von Machbarkeit und Zweckmäßigkeit muss. Eine Veranstaltung mit einem Dutzend Business-to-Business-Kunden kann auch schon ein Event sein.

Machen Sie aus einer abstrakten Zielgruppe Ihre ganz konkreten Teilnehmer

Es kommt nur darauf an, einen vorher definierten Zweck durch unmittelbare und emotionale Ansprache zu erfüllen. Machen Sie also aus einer Veranstaltung ein erfreuliches Ereignis für Ihre Zielgruppe, das ihr im Gedächtnis bleibt.

Und deshalb ist die erste Frage, wenn Sie ein Event planen: Wer ist Ihre Zielgruppe? Wenn das fünf Millionen Endkunden sind, dann macht es wenig Sinn eine einzige Veranstaltung zu planen. Hier sind andere Mittel gefragt. Aber gibt es überhaupt solch große homogene Zielgruppen?

Ganz schnell stellt man fest, dass es neben den Verbrauchern vielleicht gerade mal 200 Einkäufer sind, die darüber entscheiden, ob Ihre Produkte in den Schaufenstern oder Regalen des Handels richtig platziert werden. Oder es hängt von der Motivation von 50 Pharmareferenten ab, dass Ihre Produkte von den Ärzten verordnet werden. Und eigentlich sind es gerade mal 50 Journalisten, die, wenn sie denn in ihren Zeitungen, Magazinen und Sendungen über Ihr neues Angebot berichten, Millionen Menschen erreichen.

Zwischen Ihrem Angebot und dessen Zielgruppe(n) stehen oft Vermittler und Multiplikatoren, die zu gewinnen sind

MÖGLICHE ZIELGRUPPEN

- Endverbraucher
- Business-to-Business-Kunden
- Journalisten
- Vertriebspartner wie z.B. Händler und Vertreter
- Mitarbeiter

Eine wesentliche Kraft der Marketing-Events liegt darin, die Zielgruppe so exakt einzugrenzen, dass sie durch direkte Ansprache möglichst effektiv erreichbar wird. Mit einer klaren Botschaft, die spannend inszeniert ist, motivieren Sie die Menschen etwas für Sie zu tun, indem Sie etwas für sie tun. Machen Sie aus passiven Besuchern aktive Teilnehmer, die

Grenzen Sie Ihre Zielgruppe exakt ein

WER IST IHRE ZIELGRUPPE?

dann Ihre Produkte oder Dienstleistungen erfolgreicher verkaufen oder Ihnen zumindest dabei helfen. Natürlich reicht dazu kein einsamer Event in Ihrer Marketing-Kommunikation, doch bedenken Sie, was aus einem Schneeball werden kann.

Die Homogenität einer Zielgruppe ist immer relativ

Bedenken Sie aber auch, dass die Homogenität einer Zielgruppe immer relativ ist, ob Sie es nun mit Autoverkäufern, Versicherungsvertretern oder Journalisten zu tun haben. Und je globaler unsere Welt wird, um so schwieriger ist es, die Menschen mit einer einheitlichen Botschaft zu erreichen.

Charakteristika von Zielgruppen   **PRAXIS**

- Alter
- Geschlecht
- Funktion
- Beruf
- Ausbildung
- Religion

- Bildungsstand
- Interessen
- Bedürfnisse
- Nationalität
- Kulturzugehörigkeit

Gibt es die klassischen Zielgruppen überhaupt noch?

Und noch eine Frage ist hier zu stellen, ob es die klassischen Zielgruppen tatsächlich noch gibt? Politik und Kirchen wissen ein Lied davon zu singen, dass die groben Einteilungen nicht mehr greifen. „Der Arbeiter" oder „der Unternehmer" sind heute nur noch Schlagworte aus einer früheren, überschaubareren Welt.

Neuere Ansätze sprechen hier von „Milieus", die durch das Verhalten von Menschen, ihre Interessen und Bedürfnisse definiert sind. Es kommt dabei aber schnell mehr als ein Dutzend dieser Milieus zusammen: Vom genuss- und augenblicksorientierten Hedonisten über den umweltbewussten „Öko" bis hin zum preisbewussten „Smart Buyer", der zwar Porsche fährt und Vivaldi lauscht, seinen kalifornischen Wein aber bei Aldi kauft. Und das alles kann in einer einzigen Person vereint sein! Die Fragen „Wie sich wer wann verhält" und „Welches Programm für wen interessant ist", sind also keineswegs mehr einfach und eindeutig zu beantworten.

Sie sollten über diesen abstrakten Typisierungen und Marketingaspekten die handfesten, manchmal banalen Aspekte

Was wollen Sie bei den Teilnehmern erreichen?

jedoch nicht vergessen. Denn die Menschen, die zu Ihrem Event kommen, haben ganz bestimmte Urbedürfnisse. Dazu gehört neben dem Essen und Trinken beispielsweise auch die Überlegung, wie ein Teilnehmer anreist. Leidet er unter Jetlag und Übermüdung, ist es für Ihre Botschaft fast unmöglich, seinen Verstand und seine Seele zu erreichen.

2.2 Was wollen Sie bei den Teilnehmern Ihres Events erreichen?

Aber was wollen Sie mit einem Event bei Ihrer Zielgruppe überhaupt erreichen?
Wollen Sie
- über eine Neuheit informieren (Information),
- auf eine Situation einstimmen (Emotion),
- für neue Aufgaben und Herausforderungen motivieren (Motivation) oder
- eine Handlung hervorrufen (Aktivierung)?

die vier klassischen Kommunikationsaufgaben eines Events

Das wären schon die vier klassischen Kommunikationsaufgaben eines Events, die in der Praxis nicht einzeln dosiert werden, sondern gerade in der Kombination hochwirksam sind.

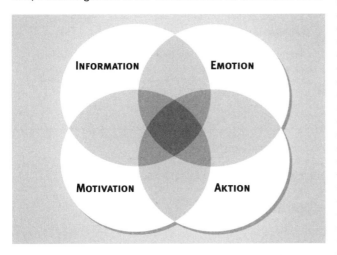

Abb. 1: Die vier klassischen Kommunikationsaufgaben eines Events miteinander kombinieren

13

WER IST IHRE ZIELGRUPPE?

Händler werden zum Beispiel medial über ein neues Produkt informiert, durch die packende Live-Inszenierung für dessen Besonderheit begeistert und so gezielt motiviert, die Produkte anschließend aktiv im Markt zu verkaufen.
Reine Information spricht nur den Verstand an. Pure Emotion alleine kann die Teilnehmer zwar fesseln, zeigt aber keine direkte Wirkung und lässt den Event zur bedeutungslosen Party werden. Ohne Aktivierung erreichen Sie niemals ein Eventziel. Und ohne Motivation halten Ihre Teilnehmer nicht durch.

Hinterfragen Sie bei Ihren potenziellen Teilnehmern alle vier Kriterien

Also: Hinterfragen Sie bei Ihren potenziellen Teilnehmern alle vier Kriterien. Zur Einschätzung des Ist-Zustandes und Festlegung des zu erreichenden Solls nutzen Sie die folgenden Skalen.

Welche Informationen sollen vermittelt werden?

Sie sollten Ihr Publikum nicht unterfordern. Aber überfordern Sie es auch nicht. Zu viele und zu lange Informationen sind tödlich für Ihren Event.
- Welche Kenntnisse hat die Zielgruppe schon?
- Welche muss ich ihr noch vermitteln?

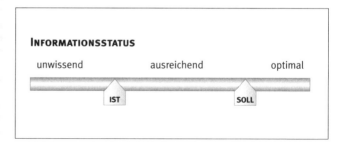

Abb. 2: Informationsskala

WELCHER STIL IST DABEI ANGEMESSEN?
- über Menschen?
- über Medien?
- über Menschen und Medien?

WELCHER STIL IST DABEI SACHLICH ANGEMESSEN?
- authentisch?
- autoritär?
- solidarisch?
- verspielt?

WAS WOLLEN SIE BEI DEN TEILNEHMERN ERREICHEN?

Welche Emotionen sollen geweckt werden?

Ich emotionalisiere, du emotionalisierst, er emotionalisiert, sie emotionalisiert, wir sind emotionalisiert... Kaum ein anderes Wort wird so inflationär im Zusammenhang mit Marketing-Events gebraucht. Wozu brauche ich überhaupt Emotionen?

Trotzdem ist etwas daran, denn mit Emotionen können Sie wesentlich besser verkaufen. Dabei müssen Sie aber nicht gleich jedem Kunden um den Hals fallen. Emotionen wirken länger und tiefer als reine Sachinformationen. Verankern Sie also Ihre Botschaften durch das Erlebnis eines Marketing-Events.

Prüfen Sie zunächst die Stimmung Ihrer Zielgruppe.
- Welche Emotionen sind positiv?
- Welche Emotionen sind negativ?

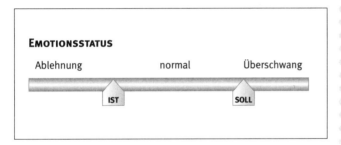

Abb. 3: Emotionsskala

WELCHE GEFÜHLE WOLLEN SIE ANSPRECHEN UND SIND DIESE DEM KOMMUNIKATIONSZIEL ANGEMESSEN?
- Begeisterung
- Neugierde
- Solidarität
- Optimismus
- Sehnsucht
- Spaß

Welche Motivation soll erreicht werden?
- Welche Motivation brauche ich?
- Wie schaffe ich das?

Selbst hoch bezahlte Motivationsgurus schaffen keine Wunder. Also hinterfragen Sie den Grad der Motivation Ihrer Zielgruppe realistisch. Wie ist der Stand der Motivation?

WER IST IHRE ZIELGRUPPE?

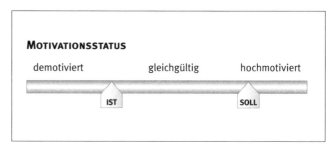

Abb. 4: Motivationsskala

Eine nachhaltige Motivierung erreichen Sie nur, wenn Sie sich ehrlich mit Ihrer Zielgruppe auseinander setzen

Für oberflächliche und kurzfristige Begeisterung gibt es bewährte Inszenierungsmittel. Ein gutes Catering, eine aufwändige Show und ein paar Effekte. Doch eine nachhaltige Motivierung erreichen Sie nur, wenn Sie sich ehrlich mit Ihrer Zielgruppe auseinander setzen.

„Wir kennen unsere Pappenheimer." Dieser Spruch aus Vorstand, Vertrieb oder Marketingabteilung sollte Sie misstrauisch machen. Führen Sie deshalb im Vorfeld der Konzeption Interviews mit Mitarbeitern oder Händlern, besonders wenn es um brisante Themen oder Situationen geht. Und fragen Sie auch mal den Betriebsrat.

Nehmen Sie das Beispiel der Fusion zweier Unternehmen. Zwei mal 2.500 Mitarbeiter, die früher Konkurrenten waren, sollen sich in der Fusionsphase kennen lernen und für das neue Unternehmen begeistert werden. Doch wenn schon bekannt ist, dass 1.000 von ihnen entlassen werden, ist eine fröhliche Feier mindestens riskant und sicherlich unangebracht. Auch ein Händler-Event, bei dem die Hälfte der Anwesenden schon ahnt oder weiß, dass ihre Verträge gekündigt werden, geht leicht nach hinten los. Da kann die Inszenierung noch so aufwändig sein. Machen Sie sich in solchen Situationen nichts vor und haben Sie Mut zur Glaubwürdigkeit. Suchen Sie sich Bündnispartner und beziehen Sie diese auch in Ihr Programm ein.

Der Event muss den Umständen angemessen und glaubwürdig sein

WELCHE HEMMNISSE GIBT ES?

- Abbau von Arbeitsplätzen
- Ausdünnung des Händlernetzes
- Erhöhung des Leistungsdrucks
- Lieferverzug von Produkten

Was wollen Sie bei den Teilnehmern erreichen?

Welche Förderfaktoren gibt es?
- Top-Umsatzahlen
- Prämien- oder Incentivesystem
- Super-Produkt, das einem die Kunden buchstäblich aus den Händen reißen

Wer schafft die Motivierung?
- Motivationstrainer
- Motivationsgurus
- Unternehmensleitung
- Vorgesetzte
- Testimonials/Prominente
- Neutrale wie Unternehmensberater, Journalisten
- Kollegen/Repräsentanten der Zielgruppe

Welche Aktion soll erfolgen?
Nun wissen Sie, wie Sie Ihre Zielgruppe – konkreter Ihre Teilnehmer – informieren, einstimmen und motivieren. Jetzt ist es Zeit über die Aktion nachzudenken. Aber nicht die während des Events selbst, sondern die danach. Denn Sie wollen ja, dass die Menschen, die Sie verwöhnt haben, anschließend auch etwas für Sie tun. Die Mitarbeiter sollen bessere Qualität herstellen, die Händler mehr verkaufen und die Journalisten freundlicher berichten.

Hier müssen Sie Ihre Ziele ganz genau definieren, denn nur wenn Sie diese kennen, ist es Ihnen auch möglich diese zu erreichen.
- Wie viel weniger Ausschuss oder Mängelexemplare?
- Wie viel weniger Beschwerden?
- Wie viel mehr verkaufte Produkte?
- Welche Medienresonanz?

Ein Event sollte nicht alleine und isoliert daherkommen. Deshalb sind begleitende und vernetzte Maßnahmen wichtig. Trainieren Sie Ihre Mitarbeiter. Helfen Sie Ihren Verkäufern durch Verkaufsförderungsmittel und Werbung. Pflegen Sie Ihre Medienkontakte.

Begleitende und vernetzte Maßnahmen sind wichtig

Ein Event ist kein Wunderheilmittel. Eine apathische Mitarbeiterschaft, die eine schlechte Informationspolitik, Entlassungen und heftige Umsatzrückgänge erlebt hat, ist bereits versteinert. Eine realistische Auseinandersetzung mit der jeweiligen Zielgruppe ist daher unbedingt notwendig.

WER IST IHRE ZIELGRUPPE?

WAS WOLLEN SIE ERREICHEN:
- Interesse wecken
- Erinnerung verankern
- Handlung auslösen

Wie ist der Stand der Aktionsbereitschaft Ihrer Zielgruppe?

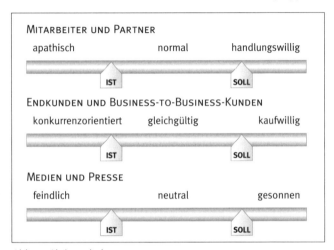

Abb. 5: Aktionsskala

Die Mitarbeiter eines Unternehmens sind keine einfache Zielgruppe, denn sie kennen die Probleme des Unternehmens als Insider ganz genau. Beziehen sie die Belegschaft gerade in kritischen Phasen oder bei heiklen Fragestellungen als Testimonials ein. Bei Mitarbeiter-Events sind Sie ohnehin auf die Kooperation oder Zustimmung des Betriebs- oder Personalrates angewiesen.

2.3 Wer erwartet was und was ist die Zielgruppe gewöhnt?

Erwartungen übertreffen

Erwartungen können fürchterlich sein. Manchmal sind sie viel zu hoch gesteckt oder auch zu niedrig gehängt. Denken Sie an die Dramaturgie. Wenn die Teilnehmererwartung prompt erfüllt wird, so gibt es danach keine Gelegenheit für eine positive Überraschung mehr. Also ermitteln Sie die Erwartung ihrer Teilnehmer und spielen Sie damit, um einen Aha-Effekt zu erzielen. Ein positives „Das hätte ich nicht gedacht!" hört man gerne.

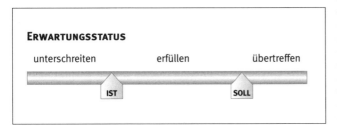

Abb. 6: Erwartungsskala

Stecken Sie ihre Topführungskräfte einmal in eine Jugendherberge und lassen Sie diese das Programm selbst gestalten und auch selbst kochen. Was sich so simpel liest, kann das richtige Rezept sein, wenn eine gute Idee dahinter steckt und diese dann perfekt umgesetzt wird.

3 Welche Agentur passt zu Ihnen?

Events sind anstrengend, stressig und kompliziert. Und da sie live stattfinden, haben Sie nur eine einzige Chance, Ihre Teilnehmer wirklich zielgenau mit Ihrer Botschaft zu erreichen. Ihre Vorgesetzten sind skeptisch und Ihre Kollegen aus dem Team sind auch schon mit den Nerven fertig. Alles müssen Sie selbst entscheiden und als Eventmanager fühlen Sie sich als einsamster Mensch der Welt.

Wer Events macht und ehrlich ist, weiß aus eigener Erfahrung, dass diese Beschreibung nicht überzogen ist. Doch genau in dieser Situation gibt es Hilfe. Nämlich professionelle Dienstleister, Eventagenturen, Freelancer und Berater, die einem zwar nicht die Verantwortung, aber die Arbeit abnehmen und erleichtern können.

Prüfen Sie also rechtzeitig, ob Ihnen intern Erfahrung, Kompetenz, Ressourcen und Kapazitäten in ausreichender Zahl zur Verfügung stehen. Wenn eine komplette Marketingabteilung mit der Planung eines großen Events lahm gelegt wird, also ihre eigentlichen Aufgaben liegen bleiben, rechnet sich das unter dem Strich bestimmt nicht. Externe Hilfe durch eine Eventagentur muss her.

Es gibt im deutschsprachigen Raum über 250 ernst zu nehmende Eventagenturen, vom Einmann- oder Einfraubüro bis

Ein Event bietet Ihnen immer nur eine einzige Chance

Sind intern ausreichend Kapazitäten vorhanden oder brauchen Sie externe Hilfe?

über 250 ernst zu nehmende Eventagenturen

Welche Agentur passt zu Ihnen?

zu den Marktführern mit neunzig, hundert oder mehr Mitarbeitern. Die typische Eventagentur gibt es allerdings nicht. Zu unterschiedlich sind Entstehungsgeschichte, Größe, Geschäftsfelder, Philosophie oder Kunden. Doch können einige wenige wesentliche Aufgaben und Arbeitsabläufe ausgemacht werden, die jeweils immer ziemlich identisch sind. Zur Agenturauswahl später mehr.

Erste Kontaktaufnahme

Die erste Aufgabe der Agentur ist es natürlich Sie als Kunden zu gewinnen. Sie lernen in dieser Phase Kontakter und Berater kennen. Besonders wichtige oder große Kunden werden von der Geschäftsführung betreut.

Auftrag zur Erstellung eines Konzeptes

Sie erteilen im nächsten Schritt den Auftrag zur Erstellung eines Konzeptes. Nun treten die Spezialisten auf den Plan. Sie lernen in dieser Phase oft schon die späteren Projektmanager kennen. Auf Grundlage Ihres Briefings und Ihrer Wünsche erarbeitet die Agentur ein Konzept. Oft werden in dieser Phase „freie" Konzeptioner herangezogen, um einen zusätzlichen Input an Kreativität zu geben. Der nächste Arbeitsschritt ist die Recherche, also das Überprüfen der gewonnenen Ideen und die konkrete Ausarbeitung. Aber davon bekommen Sie nur die Ergebnisse mit. Das Konzept wird präsentiert und es gefällt Ihnen.

Auftrag zur Umsetzung

Sie erteilen den Auftrag zur Umsetzung. Nun beginnt die Hauptarbeit der Projektmanager. In dieser Phase werden die recherchierten Fakten zu Aufträgen für die Leistungsträger, die an der Realisierung des Events beteiligt sind.

Bei kleinen Agenturen finden fast alle Arbeiten in Personalunion statt. In großen gibt es Arbeitsteilung, die gerade bei Großprojekten nicht nur sinnvoll, sondern notwendig ist, um die oft komplexen Aufgaben auch unter Zeitdruck zu bewältigen.

Full-Service Dienstleistungen

Neben der eigentlichen Konzept- und Umsetzungsarbeit bieten viele Event-Agenturen weitere Leistungen an. Mal ist das die eigenständige Reiseorganisation für die Teilnehmer, mal eine eigenständige Medienproduktion. Es gibt Abteilungen oder Units für Präsente und Give-Aways. Printmittel im Umfeld eines Events, wie beispielsweise Einladungen, werden durch interne Werbeagenturen aus eigener Kraft entworfen und in der Produktion gesteuert. Andere Agenturen verfügen über eigene Ton-, Medien- und Lichttechnik.

Welche Agentur passt zu Ihnen?

Aber welche Agentur ist die richtige? Diese schwierige Frage ist ganz einfach zu beantworten. Wählen Sie die Agentur aus, die zu Ihnen und auf den Job passt: Ist sie kreativ und kompetent, erfahren und groß genug, branchenerfahren und stimmt die Chemie?

Hier ein mögliches Entscheidungsraster:

PRAXIS

Für eine Agentur spricht	Gegen eine Agentur spricht
• Erfahrungen	• Kosten, die vom Budget abgehen
• Kenntnisse	
• Kontakte zu Dienstleistern	• Agentur versteht mich nicht
• Offenheit und Aufgeschlossenheit	• Betriebs- oder Branchenblindheit
• eventuell schon Erfahrung mit Wettbewerbern	• ist nur sehr aufwändig zu steuern
• bietet nachhaltige Entlastung	• kennt meine Zielgruppe nicht so wie ich selbst

Wägen Sie die Pros und Kontras ernsthaft ab. Es ist wie beim Bergsteigen. Nur erfahrene Alpinisten brauchen keine Bergführer. Doch bei großen Expeditionen nutzen auch sie die fremde Hilfe.

Die Gelben Seiten sind sicher nicht der richtige Griff, um sich den Marktüberblick zu verschaffen. Empfehlenswert sind die Serviceteile der Fachzeitschriften wie Event Partner (www.musik-media.de) oder Blach Report (www.blachreport.de), in denen Sie auch Berichte über Agenturen und ihre Projekte finden.

Im Internet gibt es verschiedene Portale, in denen Agenturen eingetragen sind (www.event-shop.de; www.eventmanager.de). Das Verzeichnis Event-Agenturen des IST-Institutes (www.ist-web.de) gibt einen aktuellen Überblick (www.eventagenturliste.de) über 200 Dienstleister.

Informationsquellen zu Agenturen

Internetportale

WELCHE AGENTUR PASST ZU IHNEN?

Qualitätsausweis

Vergleichen Sie

Ein Gütesiegel für Agenturen ist die Mitgliedschaft im FORUM MARKETING-EVENTAGENTUREN *(www.fme-net.de)*, das über 50 Mitglieder zählt. Neben den Marktführern sind dort auch kleinere Agenturen vertreten. Einen ähnlichen Verband gibt es mit dem EVENT MARKETING BOARD AUSTRIA *(www. emba. co.at)* in Österreich und in der Schweiz die SWISS EXPO AND EVENT MAKERS *(www.expo-event.ch)*. Weltweit werden Sie bei ISES – INTERNATIONAL SPECIAL EVENTS SOCIETY fündig *(www.ises.com)*.

Verschaffen Sie sich also zunächst einen Agenturüberblick:
- Bieten sie Spezialitäten oder haben Schwerpunkte?
- Was sagen die Homepages aus?
- Welche sagt Ihnen auf Anhieb zu, welche weniger?

Fordern Sie Informationsmaterial wie Imagebroschüren und eventuell Fallbeispiele und Referenzen für Ihre spezifische Aufgabe an. Fragen Sie Kollegen aus dem eigenen oder fremden Unternehmen.

Gerade wenn Sie eine große Aufgabe vor sich haben oder sich für einen längerfristigen Partner entscheiden wollen, laden Sie sich bei drei oder sechs Agenturen ein. Agenturpräsentationen sind nicht kostenpflichtig. Trotzdem sollten Sie mit Ihrer Zeit und der der Agentur sorgsam umgehen. Waren die richtigen Partner noch nicht dabei? Dann erweitern Sie den Kreis. Hier einige Entscheidungskriterien:

Entscheidungskriterien für den Vergleich zwischen Agenturen — **PRAXIS**

KEYFACTS
- Kreativität?
- Kompetenz?
- Erfahrung?
- Wissen?
- Organisationsstärke?

- Hat die Agentur Erfahrung in der Art des geplanten Events?
- Hat sie Branchenerfahrung in der Branche des Auftraggebers?

SOFTFACTS
- Versteht sie mich?
- Ist sie flexibel?

- Passt sie von der Denke?
- Ist sie zu ausgeflippt?
- Ist sie zu bieder?

Welche Agentur passt zu Ihnen?

Hardfacts	
• Ist die Agentur im geplanten Realisierungszeitraum überlebensfähig?	• Referenzen? • Liquidität? • Kapazitäten? • Regional nahe? • Mitglied in renommiertem Verband?

Legen Sie vorher fest, welche Faktoren für Sie wichtig und welche weniger relevant sind.

Ein Event ist ein sehr komplexes Gebilde. Sie müssen nicht nur Ihr Marketingziel erreichen, es gibt auch vielfältige organisatorische und juristische Aspekte zu bedenken, die es erforderlich machen können, einen in diesen Fragen kompetenten Partner hinzuzuziehen. Ausländersteuer, Urheberrecht, Künstlersozialversicherungsgesetz, Versammlungsstättenverordnung, Versammlungsgesetze, Emmissionsschutzauflagen, Landschaftsschutz, Haftungsfragen, Genehmigungen, Unfallverhütungsvorschriften, Vertragsrecht ... alle diese Schlagworte stehen oftmals für komplizierte Verfahren. Wollen Sie sich das wirklich zumuten? Stellen Sie aber auch der Agentur die Frage, ob sie in diesen Dingen kompetent ist.

Ein Event ist ein sehr komplexes Gebilde

Wenn dann Ihr konkreter Marketing-Event geplant ist, ist es üblich, Agenturen zu einer Wettbewerbspräsentation oder einem sog. Pitch (gegen Honorar) einzuladen. Gemäß Ihrer Aufgabenstellung, dem so genannten Briefing, das Sie schriftlich oder mündlich geben, erarbeiten die Agenturen unterschiedliche Konzeptansätze. Ihnen bleibt dann die Qual einer hoffentlich guten Wahl.

Mehrere Agenturen führen eine Wettbewerbspräsentation durch

Diese ersten Schritte sind also:
- Agenturauswahl (Monitoring oder Screening)
- Aufgabendefinition (Erstellung des Briefings)
- Einladung der Agenturen zum Briefing
- Briefing (mündlich oder schriftlich)
- Beauftragung der Agenturen zur Konzepterstellung
- Überprüfung des Briefings durch die Agentur = Debriefing
- Konzepterstellung

Abfolge der Schritte im Umgang mit Agenturen

WELCHE AGENTUR PASST ZU IHNEN?

- Konzeptpräsentation
- Entscheidung

Und so geht es weiter:
- Eventuell erneutes Rebriefing
- Beauftragung zur Umsetzung
- Realisierung
- Durchführung am Tag X
- Abrechnung
- Schlussanalyse

Im Verlauf der Ausrichtung können organisatorische und auch inhaltliche Veränderungen notwendig werden

Kein Event ist wie der andere. Was auf Form und Inhalt zutreffen sollte, gilt auch für die organisatorischen Aspekte. Gerade in langen Planungszeiträumen ergeben sich Änderungen in der Aufgabenstellung. Adaptionen, Änderungen oder Überarbeitung der Kalkulationen können notwendig werden. Und oft genug ist bei einer komplizierten Aufgabenstellung der erste Konzeptansatz nicht der Beste. Also kann der Pitch schnell zwei oder drei Stufen haben.

Und hier noch ein Ratschlag zum Briefingverfahren. Laden Sie zum mündlichen Briefing nicht alle Agenturen gleichzeitig ein. Wenn es aus zeitlichen Gründen nicht anders gehen sollte, dann informieren Sie die eingeladenen Agenturen offen darüber und frühzeitig.

Die Auswahl eines internationalen Partners sollte erst nach sorgfältiger Prüfung erfolgen

Natürlich kostet die Beauftragung einer Agentur Geld. Doch besonders wenn Sie mit einem Event ins Ausland gehen, wird es kompliziert. Welche Gesetze gelten dort? Wer sind die zuständigen Institutionen? Gerade die Einbeziehung von ortskundigen Agenturen macht also Sinn. Weltweit gibt es mehrere Verbände, wie ISES INTERNATIONAL SPECIAL EVENTS SOCIETY oder MPI MEETING PROFESSIONALS INTERNATIONAL, unter deren Mitgliedern Sie vor Ort Spezialisten finden.

Allerdings nennen sich diese Partner im internationalen Sprachgebrauch oft nicht Event-Agentur. Hier sind die Begriffe wie PCO PROFESSIONAL CONGRESS ORGANIZER oder DMC DESTINATION MANAGEMENT COMPANY oder INCOMING AGENCY üblich. Die Auswahl eines internationalen Partners sollte erst nach sorgfältiger Prüfung erfolgen.

4 Wer hilft mit Wissen?

So mal eben nebenbei wird keine Veranstaltung gelingen. Beim Theater, der Kulturform die dem Marketing-Event am nächsten kommt, gelten eine gute Ausbildung und das lebenslange Lernen als Grundvoraussetzung. Und warum sollte dies im Event-Marketing anders sein?

Wissen ändert sich täglich. Neue Gesetze und Vorschriften werden erlassen. Auch der erfahrenste Event-Manager muss sich ständig weiterbilden. Immer mehr Anbieter haben diese Marktlücke erkannt. Leider ist das Angebot an Aus- und Weiterbildungen dabei sehr unübersichtlich geworden.

Im Rahmen der Ausbildung zum Eventmanager gibt es inzwischen mehrere Möglichkeiten. Erstmalig gibt es in Deutschland den regulären Ausbildungsberuf „Veranstaltungskaufmann/Veranstaltungskauffrau", den Agenturen und Unternehmen anbieten. Verschiedene Universitäten bieten Event-Management immer häufiger nicht nur als Thema von Seminaren oder Vorlesungen, sondern auch als Studiengang an. Zumeist ist dieser bei den Betriebswirtschaftlern angesiedelt.

Sehr praxisorientiert sind die Programme der Berufsakademien, da Studium und Berufstätigkeit phasenweise abwechseln.

regulärer Ausbildungsberuf „Veranstaltungskaufmann/Veranstaltungskauffrau"

Eine pragmatische Lösung ist die zweijährige duale Ausbildung des IST-Institutes, dem Pionier in der Aus- und Weiterbildung im Event-Marketing. Gerade bei kleineren Agenturen oder Unternehmen macht das Sinn, da im stressigen Arbeitsalltag Ausbildung kaum stattfinden kann. Und die Berufsschule nimmt die Auszubildenden vielfach gerade in heißen Projektphasen in Beschlag.

Eine weitere Möglichkeit ist der Einstieg als Trainee on the Job. Voraussetzung ist hier in der Regel ein abgeschlossenes Studium.

Wer sein Wissen erweitern will, für den gibt es unzählige lang- und kurzfristige Weiterbildungsmöglichkeiten. Alle bieten inzwischen Praktiker aus Agenturen und Unternehmen als Referenten an. Ein Klassiker bleibt die berufsbegleitende Weiterbildung zum Event-Manager des IST-Institutes.

Wenn Sie sich gerade für kostenpflichtige Aus- und Weiterbildungen oder Seminare interessieren, vergleichen Sie die Angebote gründlichst. Lassen Sie sich ausführlich über Inhalte, Referenten und Anerkennung in der Branche informieren.

5 Wer zahlt was?

Checken Sie unbedingt die eigene Kapazität und Kompetenz

Wenn Sie den Event selbst durchführen, um sich Agenturhonorare zu sparen, dann prüfen Sie diese Entscheidung äußerst sorgfältig. Denn Ihnen selbst entstehen natürlich auch Kosten. Oft unterschätzt man den notwendigen Personalbedarf. Checken Sie unbedingt die eigene Kapazität und Kompetenz.

Agenturen leben zu einem großen Teil von ihrer Kreativität. Deshalb ist eine Honorierung für eine Konzepterstellung mehr als angemessen. Aber was ist „angemessen"? Ein kleines Unternehmen mit vergleichsweise geringen Budgets wird vielleicht nur ein Anerkennungshonorar zahlen können, das die reinen Erstellungskosten deckt.

Honorar-Guide des FME – Forum Marketing-Eventagenturen

Das FME – FORUM MARKETING-EVENTAGENTUREN hat einen Honorar-Guide erstellt, in dem nicht nur die durchschnittlichen Kosten aufgelistet sind, sondern auch Minimal- und Maximalwerte. Hier findet man sowohl Pauschalen für Ideenskizzen oder Konzepte, als auch die Tagessätze, nach denen bei der Umsetzung abgerechnet wird.

Doch steckt der Teufel auch hier im Detail. Es verlangt schon viel Erfahrung, die Agenturleistung im Vorfeld realistisch zu kalkulieren. Dafür gibt es leider keine Faustformeln. Und neben den reinen Honoraren ist auch eine Handlingcharge, die auf Fremdleistungen aufgeschlagen wird, durchaus üblich. Doch dazu mehr im Kapitel Kalkulation in Teil D.

Singuläre Marketingaktion – vernetzte Kommunikation

Teil B Was sind Events?

In diesem Kapitel erfahren Sie, was ein Marketing-Event ist und was nicht und lernen verschiedene Typen von Events sowie deren Vernetzung in einen Kommunikationszusammenhang kennen.

1 Von singulären Marketingaktionen zur vernetzten Kommunikation

Marketing-Events sind keine Erfindung der letzten Jahre. Erfahrene Kongressmanager und alte Tagungshasen urteilen zu Recht, dass sie immer schon Events gemacht, aber nie so genannt haben. Und im alten Rom waren beispielsweise die Spiele im Circus Maximus eine frühe Form der Politevents und die gewaltigen Aufmärsche der Nazis eine spätere. Bleiben wir aber in der Gegenwart. Nehmen Sie den Begriff Event für das, was er heute ist: Ein Fachwort. Die Definition als „Ereignis" und „Veranstaltung" haben Sie ja bereits erfahren.

Events hat es schon immer gegeben

Neu ist der Stellenwert der Events im Marketing. Die Unterscheidung von Werbung, PR, Verkaufsförderung und persönlichem Verkauf als „Above the line" und Marketing-Event, Direktmarketing, New Media und Messen als „Below the line" wird zwar noch verwendet. Doch heute ist sie überholt, denn Events sind gleichberechtigte Kommunikationsinstrumente. Am besten erkennt man diese „diplomatische Anerkennung" und Aufwertung bei den großen Agenturnetworks, die eigene Eventagenturen gründen oder einkaufen. So wird aus dem

Neu ist der Stellenwert der Events im Marketing

gleichberechtigte Kommunikationsinstrumente im Marketing-Mix

Moderner Kommunikationsmix

- Werbung (Print, TV, Kino)
- Public Relations/ Öffentlichkeitsarbeit
- Verkaufsförderung
- Persönlicher Verkauf
- Sonderformen
- Event-Marketing
- New Media
- Direktmarketing
- Messe

Abb. 7: Moderner Kommunikationsmix

Schlagwort „vernetzte" oder „integrierte Kommunikation" allmählich Realität.

Das vor Ihnen liegende Kapitel erhebt keinen Anspruch auf Vollständigkeit. Die vorgenommene Kategorisierung soll Ihnen vielmehr als knapper und praxisnaher Leitfaden helfen, Ihre Ziele durch den „passenden" Event auch zu erreichen. Nutzen Sie das hier gegebene Informationsangebot also wie einen „Werkzeugkasten".

2 Was sind Marketing-Events?

Marketing-Events sind ein Instrument im Kommunikationsmix. Sie finden nicht zufällig statt, sondern haben einen Anlass. Eine Botschaft, die sich auf das Unternehmen, die Marke oder ein Produkt beziehen kann, wird durch eine live stattfindende Inszenierung vermittelt. Die Mittel sind eine Kombination aus Sprache und Text, Tanz und Musik, Klang und Licht, Medien und Dekoration. Aber auch Düfte und – beim Catering – der Geschmack können eine große Rolle spielen. Beim Event können Sie also alle Sinne ansprechen und so eine viel intensivere Wirkung erzielen, als es der rein visuelle Reiz der klassischen Werbung ermöglicht.

Ein Event spricht alle Sinne an und wirkt daher nachhaltiger als klassische visuelle Werbung

Wie kein anderes Kommunikationsmittel können Events Emotionen erzeugen.

Das betrifft nicht nur die Intensität, sondern auch die Dauer. Wann sind Ihnen beim Anschauen einer Anzeige das letzte Mal Schauer den Rücken herunter gelaufen oder wie oft stockte Ihnen beim Anschauen eines Werbespots der Atem?

Um eines gleich vorweg zu sagen: Es müssen nicht immer teure und bombastische Effekte sein. Die gibt es auch im Zirkus oder auf dem Rummelplatz. Eine Kerze auf einer sonst dunklen Bühne und ein guter Schauspieler erzeugen ebenso Spannung und Emotion wie Tonnen an raffiniert eingesetzter Veranstaltungstechnik. Aber nur wer die Kunst der Dramaturgie und Inszenierung beherrscht, kann einen Kick auch mit kleinstem Aufwand erzeugen. Neben der Kraft der Emotion gibt es allerdings noch eine weitere Dimension der

Es müssen nicht immer teure und bombastische Effekte sein

Was sind Marketing-Events?

Events. Sie ermöglichen den echten Dialog und die unmittelbare Interaktion mit Ihrer Zielgruppe.

Marketing-Events sind geplante und organisierte Veranstaltungen, deren Zweck auch das Auslösen eines gesteuerten Aktivierungsprozesses ist. Physische oder emotionale Reize werden erzeugt, die im Ziel des Events begründet sind. Das sind Dinge wie Imagebildung, Profilbildung, Motivierung, Kaufreiz oder Verkaufsunterstützung.

Das Instrument „Event" verfügt dabei, wie die anderen Kommunikationsinstrumente auch, über ein breit gefächertes Arsenal an möglichen Mitteln.

unmittelbare Interaktion mit Ihrer Zielgruppe

Marketing-Events sind geplante und organisierte Veranstaltungen

Kommunikationsinstrument	Mittel
Werbung	TV-Spot, Anzeige, Plakat
Public Relations	Pressetext, Geschäftsbericht, Hausmitteilung
Event-Marketing	Gala, Show, Public Event, etc.

Abb. 8: Kommunikationsinstrumente und ihre Mittel

Allen Marketing-Events gemeinsam sind Konstanten wie die jeweilige Zielgruppe, das Event-Objekt und die szenische Form der Inszenierung.

Event-Zielgruppe	• Abnehmer • Partner • Mitarbeiter • Öffentlichkeit
Event-Objekt	• Produkt/Leistung • Marke • Unternehmen
Event-Form	• Gala • Produktpräsentation • Kick-Off-Meeting • Jubiläum • Public Event • Road-Show

Event-Inszenierung	• Schauspiel • Tanz • Moderation • Show-Acts • Ton • Licht • Medien • Dekoration • Architektur/Location • Catering • Düfte
Event-Dramaturgie	• Zeit und Rhythmus • Handlung • Entwicklung • Figuren und Motive

Abb. 9: Konstanten des Event-Marketing

Es gibt inzwischen zahlreiche Definitionen von Marketing-Events. Das FORUM MARKETING-EVENT-AGENTUREN unterscheidet dabei Public Events, Corporate Events und Exhibition Events.

drei unterschiedliche Arten von Events

PUBLIC EVENTS Zielgruppe sind die Endverbraucher und die Öffentlichkeit
CORPORATE EVENTS Business-to-Business
EXHIBITION EVENTS Veranstaltungen und Programme auf Messen und im Messeumfeld

Diese auf den ersten Blick einfache Einteilung zeigt zwar sehr gut die unterschiedlichen Geschäftsfelder der Agenturen, verdeutlicht aber nicht die Aufgaben und den Nutzen von Events für die Auftraggeber. Deshalb erfahren Sie im nächsten Abschnitt mehr über die unterschiedlichsten Ausprägungen und Einsatzmöglichkeiten von Events.

3 WELCHE EVENTS GIBT ES EIGENTLICH?

Jeder Marketing-Event hat einen Anlass und ein Ziel

Jeder Marketing-Event ist anders und immer wieder neu. Deshalb gibt es unendlich viele Events, die aber dann doch immer zwei Dinge gemeinsam haben: einen Anlass und ein Ziel.

Zu welchen Zwecken dienen zielbestimmte Events?

Der Anlass ist oft sehr direkter Natur, fast zwangsläufig, wie ein Firmenjubiläum, das gewissermaßen wie ein „unabwendbares Naturereignis" auf ein Unternehmen zukommt. Er kann aber auch indirekt sein und künstlich geschaffen werden. Zum Beispiel im Rahmen einer Marketingkonzeption, in der festgelegt wurde, dass ein Event zum Auftakt oder „Kick-Off" der Kampagne das geeignete Kommunikationsmittel ist.

3.1 Was sind anlassbezogene Events?

Typische Events, die durch einen ganz konkreten Anlass angestoßen werden, sind:
- Jubiläum und Jahrestag
- Eröffnung, Neueröffnung, Wiedereröffnung
- Empfang
- Jahreshauptversammlung
- Messe-Event/Exhibition-Event
- Kick-Off (Anstoß, Kampagnen-Auftaktveranstaltung)

3.2 Zu welchen Zwecken können zielbestimmte Events eingesetzt werden?

Ein Marketing-Event muss eine vorher definierte Aufgabe erfüllen. Darin unterscheidet er sich vom Kultur-Event, dessen Stattfinden sich aus sich selbst ergibt: l'art pour l'art!

In den folgenden Abschnitten finden Sie typische Ziele und die für deren Umsetzung einsetzbaren Events. In der Praxis wollen die Veranstalter aber oft mehr als ein Kommunikationsziel erreichen. Kombinationen sind also üblich und oft auch sinnvoll. Aber viel hilft nicht notwendig auch viel. Wenn Sie zu viele Ziele auf einmal erreichen wollen, schaffen Sie vielleicht kein einziges und der Erfolg bleibt auf der Strecke.

Ein Marketing-Event muss eine vorher definierte Aufgabe erfüllen

3.2.1 Bewusstseinsbildung

Der Bewusstseinsbildung dienen
- Aufklärungsveranstaltungen und
- Veranstaltungen zum Kampagnenbeginn.

Marketing-Events sind nicht nur die großen Shows und Galas, bei denen der Effekt im Vordergrund und die Ziele im Hintergrund stehen.

Ziele, deren Umsetzung bei den Adressaten ein Nach- oder ein Umdenken erforderlich macht

Es geht zum Beispiel um Bewusstseinsveränderung. Das liest sich erst einmal wie Weltverbesserung oder Manipulation. Aber es werden eben auch in Unternehmen immer wieder Ziele ausgewiesen, deren Umsetzung bei den Adressaten ein Nach- oder ein Umdenken erforderlich macht. Zum Beispiel, wenn die Mitarbeiter eines Verkehrsverbundes für das Thema Sauberkeit in Bussen und Bahnen sensibilisiert werden sollen.

Oder wenn etwa ein mittelständischer Automobilzulieferer zur Einführung eines neuen Produktes die Mitarbeiter auf das Thema Qualität einschwören will. Die entsprechende Kampagne kann dann ein Event eröffnen, durch das die Mitarbeiter dazu motiviert werden sollen, die Anzahl der Reklamationen und Rückläufer aus der Produktion zu minimieren. Die im Zuge der Beförderung eines solchen Anliegens immer bestehende Gefahr von Demotivation durch zu viel Druck und erhobener Zeigefinger lässt sich mit den Ausdrucksmitteln von Theater oder Kabarett auf elegante Weise vermeiden. Gleichzeitig wird damit auch ein Wir-Gefühl unter den teilnehmenden Mitarbeitern hergestellt.

3.2.2 Emotionalisierung und Aktivierung

Um diese Ziele zu erreichen, können folgende Events eingesetzt werden:

- GET-TOGETHER-EVENT,
- MOTIVATIONSVERANSTALTUNG,
- INCENTIVE-EVENT (Schaffung eines Anreizes oder einer Belohnung durch eine außergewöhnliche Veranstaltung. Ziel ist mehr Aktivität der Teilnehmer für das Unternehmen),
- Generell emotionalisieren alle Events durch ihren Ereignischarakter. Dies kann das explizite Ziel eines Auftraggebers sein, um Stimmung zu erzeugen und hierdurch Handlungen auszulösen.

Ein GET-TOGETHER-EVENT soll Menschen, die sich wenig oder kaum kennen, zusammenbringen, Kommunikation ermöglichen und Vertrautheit oder Geborgenheit schaffen. Wichtig ist es dazu auch Gelegenheit zu geben, indem die Lautstärke nicht zu hoch und das Programm nicht zu viel Ablenkung ver-

Zu welchen Zwecken dienen zielbestimmte Events?

ursacht. Denn im Vordergrund stehen die Teilnehmer. Gerade bei Messen oder Kongressen ist das Get-Together eine geeignete Event-Form, um die Konvention eines steifen Business-Rahmens zu sprengen.

Beim Get-Together-Event stehen die Teilnehmer im Mittelpunkt

Motivationsveranstaltungen sind seit einigen Jahren in Mode. Sie kennen sicherlich die Public-Events, zu denen die Teilnehmer in die großen Hallen pilgern und für das Eintrittsgeld mehr oder weniger tief in die Tasche greifen, um sich von prominenten Motivationstrainern oder -gurus aufpeitschen zu lassen, gemeinsam „Chaka" zu rufen, über Feuer zu laufen oder sich Vogelspinnen auszusetzen. Man kann sich lange über Sinn und Wirkung solcher Veranstaltungen streiten. Aber offensichtlich gibt es angesichts des tausend- und zehntausendfachen Zulaufes ein großes Bedürfnis danach. Unternehmen nutzen diese Art von Events schon seit vielen Jahren. Und sie bedienen sich auch derselben Trainer und Gurus.

Ob es legitim oder moralisch vertretbar ist, solche Veranstaltungen zu planen, die an die Erweckungsrituale von Sekten erinnern und oft einen bösen Nachgeschmack der Manipulation hinterlassen, ist Ihre Entscheidung. Ohne Motivation ist der Mensch jedenfalls nicht leistungsfähig.

3.2.3 Information und Kommunikation

Informationen vermitteln lassen sich über
- Kongress,
- Forum,
- Kundgebung,
- Symposium (wissenschaftlich),
- Tagung und
- Workshop.

Informationsvermittlung ist ein klassisches Ziel von Veranstaltungen. Doch der Mensch ist nur begrenzt aufnahmefähig. Erinnern Sie sich an Studium oder Schule? Die Vorlesungen oder der Unterricht waren dann nachhaltig wirksam, wenn sie auch einen unterhaltenden Charakter hatten. Infotainment ist nichts anderes und wurde von den Fernsehformaten erfolgreich auf Veranstaltungen übertragen. Aus trockenen Kongressen wurden Events.

Der Mensch kann nur begrenzt Informationen aufnehmen

Welche Events gibt es eigentlich?

Infotainment: die Kunst Informationen unterhaltsam und nachhaltig zu vermitteln

Für alle Events, die viele Informationen und Inhalte vermitteln müssen gilt, kein Einzelbeitrag sollte zu lang sein. Reden sollten 30 Minuten keinesfalls überschreiten. Unterstützen Sie Wortbeiträge durch Medieneinsatz. Sorgen Sie für unterhaltende, witzige oder spannende Überleitungen. Ob ein Moderator, Akteure oder Medien dafür sorgen, ist zweitrangig. Mischen Sie Ihr Publikum durch Aktivitäten auf und machen Sie es wach für neue Eindrücke. Sie können über elektronische Abstimmungssysteme große Teilnehmerzahlen einbeziehen. Aber auch einfache und billige Mittel, wie rote und grüne Karten, die zum Votum in die Höhe gehalten und gezählt werden, sind ein brauchbares Abstimmungsinstrument. Lassen Sie Diskussionen zu. Eine lockere Talkrunde ermöglicht die Vermittlung von Fakten mindestens ebenso gut wie ein trockenes Statement vom Rednerpult.

Physische Auflockerung ist wichtig, um Informationen aufnehmen zu können

Aber mischen Sie die Teilnehmer nicht nur geistig oder emotional auf, sondern auch physisch. Einfache Lockerungsübungen, die auch in engen Sitzreihen möglich sind, machen die Teilnehmer wieder aufnahmebereit. Wenn das gut inszeniert ist, dann können Sie sicher sein, dass die meisten Teilnehmer gerne mitmachen. Und wenn es einige wenige albern finden, so ist das auch nicht schlimm.

Denn von einer Illusion sollten Sie sich auf jeden Fall verabschieden:

Sie können es nicht jedem Teilnehmer hundertfünfzigprozentig Recht machen, egal wie klein oder gross die Gruppe ist.

Lassen Sie Ihren Teilnehmern Luft zum Atmen. Ein vollgestopfter Tagungsraum mit niedriger Deckenhöhe, ohne Tageslicht und Sauerstoff ist tödlich für Ihren Event. Für jeden Teilnehmer sollten Sie mindestens mit einem Quadratmeter Fläche rechnen.

Gerade bei informationslastigen Veranstaltungen ist das Licht sehr wichtig. Wegen der Medienprojektionen müssen Sie den Raum oder Saal abdunkeln. Ist es zu dunkel, dämmern Ihre Teilnehmer vor sich hin und schlafen ein. Sorgen Sie deshalb

Zu welchen Zwecken dienen zielbestimmte Events?

immer für ein ausreichendes Grundlicht, das bei Projektionen abgedunkelt wird, aber bei Redebeiträgen so hell ist, dass der Sprecher sein Publikum noch gut erkennen kann. Veranstaltungslicht ist fast immer, auch ohne Farbfilter, Kunstlicht, das negativ auf die Seele wirkt. Benutzen Sie einen simplen und preiswerten Trick. Nehmen Sie normale Scheinwerfer mit Tageslichtfilterfolien. So erzeugen Sie ein angenehmes Grundlicht, dessen Farbtemperatur der des Sonnenlichts entspricht.

Auf die jeweiligen Aktionen gut abgestimmtes Licht ist wichtig

3.2.4 Produktkommunikation

Nachhaltig Informationen und Eindrücke zu Produkten vermitteln
- Produktpräsentation,
- Promotion-Event oder -Promotiontour,
- Event am „Point of Sale",
- Ausstellung und
- Messe-Event.

Industrielle Produkte sind meistens so konkret, dass sie sich in der Regel leicht inszenieren lassen. Erst wenn sie winzig klein oder riesig groß sind, wird es schwierig, sie unmittelbar zu präsentieren. Bei Dienstleistungen ist es da schon komplizierter.

Bei der Produktpräsentation lassen sich die unterschiedlichsten szenischen Mittel einsetzen. Ob Tänzer Produktvorteile darstellen, diese in einem Song expressis verbis besungen oder durch eine mediale Installation indirekt vermittelt werden, das ist Geschmackssache. „Getanzte Produktvorteile" sind im Augenblick „out". Mediale Inszenierungen sind „in".

unterschiedlichste szenische Mittel

Wichtiger ist die Frage: Welches szenische Mittel passt zu Produkt oder Dienstleistung, zur Marke, zum Unternehmen?

Aber auch auf die Zielgruppe kommt es an. Wen wollen Sie erreichen? Multiplikatoren, wie Presse und Medien? Oder Händler und Distributoren? Oder den Endkunden, also Business to Customer (B-to-C).

Wen wollen Sie erreichen?

Oftmals empfiehlt es sich zum Kunden zu gehen, sei es im Rahmen einer Roadshow, die an zentralen Orten Halt macht oder tatsächlich am eigentlichen Point-of-Sale. Alles ist möglich, aber nicht immer unbedingt sinnvoll. Ob es das ist, hängt von Ihrer ganz speziellen Strategie ab.

Gehen Sie direkt zum Kunden

Welche Events gibt es eigentlich?

Wenn Sie ihren Produkten Zeit geben wollen, um nachhaltig wirken zu können, ist eine Ausstellung sinnvoll. Oft wird eine spektakuläre Inszenierung mit einer Ausstellung gekoppelt, um eine ausführliche Begegnung mit dem Produkt oder der Dienstleistung zu ermöglichen und die entsprechende Erfahrung zu vermitteln.

Messen sind die klassische Gelegenheit Produkte zu präsentieren

Und selbstverständlich sind Messen die klassische Gelegenheit Produkte zu präsentieren. Dabei sind Messen das Paradebeispiel für integrierte Kommunikation, denn viele Messeaussteller legen nicht nur Wert auf einen interessanten und auffälligen Messestand, sondern auch auf eine Live-Inszenierung. Die Moden wechseln auch hier von Live-Entertainment zu Medieninszenierung. Letztlich kommt es aber darauf an, ob die geplanten Maßnahmen zu Ihren Kommunikationszielen passen.

3.2.5 Unternehmenskommunikation

Unternehmen lassen sich vorstellen durch
- Tage der offenen Tür,
- Unternehmenspräsentationen,
- Jahreshauptversammlungen und
- Messe-Events.

Die herkömmlichste Art, in der sich ein Unternehmen präsentiert, ist der „Tag der offenen Tür". Ob sich aber mit Hüpfburg und Würstchengrill, Showband und Kinderschminkaktion noch Wirkung erzielen lässt, können Sie getrost bezweifeln. Es sei denn, Sie wollen einfach nur eine gute Nachbarschaft pflegen.

Beim „Tag der offenen Tür" ist die Zielgruppe sehr diffus

Beim „Tag der offenen Tür" ist die Zielgruppe sehr diffus. Mitarbeiter, Öffentlichkeit, lokale Presse, alle sind geladen. Wenn es für jeden etwas gibt, ist dieses „etwas" so beliebig, dass es kaum kommunikative Wirkung erzielt.

Vielleicht macht es mehr Sinn, Ihre Kunden einmal gezielt zu sich einzuladen, sodass diese sich ein besseres Bild von Ihnen und Sie sich ein besseres Bild von jenen machen können.

Imagepflege auf Jahreshauptversammlungen

In der Ära des Shareholder Value ist nicht nur die „Performance" eines Unternehmens wichtig, sondern auch das Ima-

Zu welchen Zwecken dienen zielbestimmte Events?

ge. Die Seifenblase der vielen E-Business-Start-Ups hat gezeigt, wie wirksam dies zumindest kurzfristig sein kann. Daher haben Elemente der Inszenierung längst auf den Jahreshauptversammlungen der Aktiengesellschaften Einzug gehalten. Ein weites und kompliziertes Feld, denn anders als bei „normalen" Events gibt es hier sehr viele Vorschriften aus dem Aktiengesetz zu beachten. Dazu gehört auch die akustische Übertragung vom Hauptgeschehen bis in den letzten Winkel des Gebäudes, also auch auf die Toilette! Oft müssen mehrere Locations mit unterschiedlichen Kapazitäten in Reserve sein, da die Teilnehmerzahl schwer im Voraus zu kalkulieren ist. Oder bei Unternehmen, die von Teilen der Öffentlichkeit äußerst kritisch betrachtet werden, wie in der Chemie- oder Energiebranche, wird aus Sicherheitsgründen oft eine geheime Ausweichlocation bereitgehalten, um Demonstrationen, Blockaden und Störungen kurzfristig umgehen zu können. Von einer Jahreshauptversammlung hängt eben heutzutage einfach zu viel ab, als dass man deren Verlauf dem Zufall überlassen könnte.

3.2.6 Imagebildung

Events bieten die Möglichkeit ein Unternehmensimage
- zu profilieren,
- zu pflegen,
- zu verbessern oder
- hervorzuheben.

Mit Events können Sie neue Images aufbauen und bestehende Images aufpolieren, pflegen, verbessern oder betonen. Der Event und seine Inszenierung sollte kommunikativ passend zum Imageziel sein. Eine konventionelle Form für ein „hippes" Unternehmen – oder umgekehrt – mag zwar ein interessanter dramaturgischer Gegensatz sein, führt aber garantiert zu Irritationen.

Images aufpolieren, pflegen, verbessern oder betonen

Wenn Sie mit Ihrem bestehenden Image, mit Erwartungshaltungen und deren Verletzungen spielen, dann tun Sie das bewusst und gekonnt. Und wägen Sie den möglichen Nutzen oder Schaden sehr genau ab.

WELCHE EVENTS GIBT ES EIGENTLICH?

3.2.7 Ansprache von Multiplikatoren

„stellvertretend" für eine zu große Zielgruppe Multiplikatoren einladen

Nicht immer kann man seine komplette Zielgruppe mit einem einzigen Event erreichen, vor allem dann, wenn sie einfach zahlenmäßig zu groß ist. Hier bietet es sich an, „stellvertretend" Multiplikatoren einzuladen, damit sie Ihre Botschaft weiterverbreiten. Dazu dienen

- Presse-Events
- PR-Events
- VIP-Events
- Händlermeetings

Resonanz nach dem Schneeballprinzip

Presse- und Medien-Events sind eine gute Möglichkeit Resonanz nach dem Schneeballprinzip zu schaffen. Allerdings sind Journalisten recht schwer steuerbar und oft sogar sehr kritisch eingestellt. Um also eine positive Berichterstattung zu erreichen, ist eine minutiöse Vorbereitung erforderlich. Versorgen Sie die Medienvertreter mit den Informationen, die noch mehr als bei anderen Zielgruppen in deren Köpfe und Seelen gelangen müssen. Platte Manipulation erkennen Journalisten sofort. Selbst wenn sie beim Event freundlich zu Ihnen sind, heißt das noch lange nicht, dass auch der entsprechende Artikel oder Sendebeitrag positiv ausfällt. Sorgen Sie also auf jeden Fall schon im Vorfeld des Events für eine professionelle Betreuung. Meine eigene Erfahrung als Pressesprecher und Journalist ist folgende: Ein fairer Umgang mit den Journalisten ist immer noch der beste Garant für eine faire Presse.

PR-Events sind nicht identisch mit Presse-Events

PR-Events sind nicht identisch mit Presse-Events. PR-Events dienen primär der Kontaktpflege, weniger der unmittelbaren Vermittlung einer Botschaft. Hier kommt es wie beim VIP-Event auf die richtige Gästeliste an. Und damit ist noch nicht garantiert, dass die richtigen Gäste auch wirklich erscheinen. Selbst für spezialisierte Agenturen ist es nicht leicht, prominente Zeitgenossen mit vollen Terminkalendern und engen Drehplänen tatsächlich an den Banketttisch zu bekommen.

Auch Händler sind wichtige Multiplikatoren

Denken Sie daran, Händler sind weitere wichtige Multiplikatoren. Ohne deren eigenes Engagement und deren Motivation ist der Absatz von Produkten und Dienstleistungen kaum möglich.

ZU WELCHEN ZWECKEN DIENEN ZIELBESTIMMTE EVENTS?

3.2.8 Indirekte Ziele

Neben der unmittelbaren Rolle eines Unternehmens oder einer Institution als Eventveranstalter gibt es die Möglichkeit
- sich als Sponsor oder
- im Rahmen einer Kooperation

an dem Event eines anderen Veranstalters zu beteiligen.

Überspitzt könnte man dies als „kommunikative Trittbrettfahrerei" bezeichnen. Der Vorteil für das als Sponsor oder Kooperationspartner auf einen fremden Event aufspringende Unternehmen liegt in einer Kostenreduktion, in dem von dem Ereignis ausstrahlenden Imagetransfer und bei Großereignissen in einer Medienpräsenz, die als Alleinveranstalter sonst nicht möglich wäre. Nachteilig ist, dass die Hauptaufmerksamkeit auf dem Ereignis selbst liegt und sich darüber hinaus sehr oft noch mehrere Sponsoren gegenseitig Konkurrenz machen. Bei Sport und Kultur steht die Veranstaltung für sich und verfolgt kein unmittelbares Marketingziel.

Synergien mit anderen Eventveranstaltern nutzten

Aber auch im Rahmen von Marketing-Events ist es immer öfter üblich, Sponsoren einzubeziehen. Zum Beispiel beim Catering, wenn Brauereien oder Champagnermarken für ihre Präsenz mit Geld- oder Sachleistungen tätig werden. In Zeiten knapperer Budgets sicherlich ein Thema mit Zukunft.

In Zeiten knapperer Budgets ist Sponsoring sicherlich ein Thema mit Zukunft

Kultur- und Sport-Events, unter bestimmten Bedingungen auch politische Events, haben Kommunikationsziele, die primär oder gänzlich keine Marketingziele sind. Doch auch sie wollen konzipiert und gut organisiert sein.

3.2.9 Zielgruppenansprache (personenbezogen)

Der Vollständigkeit halber sei hier noch einmal an die Event-Zielgruppen erinnert. Was zu beachten ist, wurde bereits im vorangegangenen Kapitel erwähnt.
- Mitarbeiter
- Partner und Lieferanten
- Kunden
  - Business to Business (Corporate Event)
  - Business to Consumer (Public Event)
- Multiplikatoren
- Öffentlichkeit
- Entscheider

Welche Events gibt es eigentlich?

- Fachleute
- Partnerprogramm (gesonderter Event für die eingeladenen Lebenspartner der Teilnehmer an dem Hauptevent)

Hier noch einmal die Kommunikationsziele und die zu ihrer Umsetzung möglichen Eventformen im Überblick.

Kommunikationsziel	Art des Event
Bewusstseinsbildung	• Aufklärungsveranstaltung • Veranstaltung zu Kampagnenbeginn
Emotionalisierung und Aktivierung	• alle Eventformen; insbesondere • Get-Together-Event • Motivationsveranstaltung • Incentive-Event
Information und Kommunikation	• Kongress • Forum • Kundgebung • Symposium • Tagung • Workshop
Produkt-kommunikation	• Produktpräsentation • Promotion-Event, Promotiontour • Event am Point of Sale • Ausstellung • Messe-Event
Unternehmens-kommunikation	• Tag der offenen Tür • Unternehmenspräsentation • Jahreshauptversammlung • Messe-Event
Multiplikatoren-ansprache	• Presse-Event • PR-Event • VIP-Event • Händlermeeting
Imagebildung	• alle Eventformen
Indirekte Ziele	• Sponsoring • Kooperation

Abb. 10: Kommunikationsziele und zur Umsetzung mögliche Eventformen

VON DER EINWEGANSPRACHE ZUM INTERAKTIVEN LIVE-ERLEBNIS

TEIL C WARUM RICHTET MAN EVENTS AUS?

Aller Aktionismus hilft nichts, wenn nicht vorher die Zielrichtung für Ihren Event klar ausgewiesen ist. In diesem Kapitel erfahren Sie, wie Sie zur Unterstützung Ihrer Geschäftsstrategie nachhaltige und überprüfbare Event-Ziele formulieren.

1 VON DER EINWEGANSPRACHE ZUM INTERAKTIVEN LIVE-ERLEBNIS

Event-Marketing war in den letzten Jahren ein Wachstumsmarkt. Innerhalb weniger Jahre vervielfachten sich Etats, Agenturen, Mitarbeiter und die Zahl der veranstalteten Events. Ist damit die klassische Werbung tot? Hat sich PR abgenutzt? Und warum ausgerechnet und jetzt Marketing-Events?

Auf diese Frage finden Sie in diesem Kapitel einige schlüssige Antworten. Aber Marketing-Events sind kein Zaubermittel und deshalb gibt es nicht den einen einzigen und wahren Grund, warum Marketing-Events immer häufiger im Kommunikationsmix eingesetzt werden.

Marketing-Events werden immer häufiger im Kommunikationsmix eingesetzt

Machen wir doch einen Vergleich und werfen einen Blick auf einige wichtige Unterscheidungsmerkmale zu anderen Instrumenten. Gerade in der Abgrenzung zur klassischen Kommunikation lassen sich die Potenziale des Event-Marketing sehr klar aufzeigen.

KLASSISCHE KOMMUNIKATION	EVENT-MARKETING
vom passivem Verhalten ⟶	zur Interaktion
vom Werbemonolog ⟶	zum Kundendialog
von der Anonymität ⟶	zum Individuum
vom medialen Auftritt ⟶	zum Live-Erlebnis
von der Information ⟶	zur Emotion

Abb. 11: Vergleich Event und klassische Kommunikation

Werbung oder Public Relations erlauben dem Empfänger zwar die Rezeption einer Botschaft, aber keine unmittelbare Reaktion, die hier immer nur zeitversetzt und mittelbar erfolgen kann.

Bei einem Event läuft die Beziehung zum Sender live

Bei einem Event dagegen läuft die Beziehung zum Sender live. Sie können den direkten Response auf die vermittelte Botschaft sofort in Form der Teilnehmerreaktion erfahren. Sie hören den Applaus, spüren und sehen die Begeisterung prompt. Ein Risiko will ich nicht verschweigen, denn bei einem schlecht vorbereiteten Event offenbaren sich auch Langeweile, Abwendung oder Buh-Rufe. Deshalb ist Sorgfalt eine wichtige Eventtugend.

Machen Sie aus passiven, konsumierenden Zuschauern aktive Teilnehmer

Marketing-Events können aber noch eine weitere, gesteigerte Form des Dialogs bieten: die wirkliche Interaktion. Machen Sie aus passiven, konsumierenden Zuschauern aktive Teilnehmer.

Bei großen Events mit sehr vielen Teilnehmern sind die Dialog- und Interaktionsmöglichkeiten natürlich begrenzt. Versuchen Sie es mit computergesteuerten Abstimmungssystemen wie Digivote. Oder verteilen Sie grüne und rote Karten, Taschenlampen oder Laserpointer. Auch hiermit kann man Meinungsäußerungen und Bewertungen sehr schnell sichtbar machen und darstellen. Der Erfolg einer solchen Maßnahme hängt nur von den richtigen Fragen und der richtigen Dramaturgie ab.

Oder teilen Sie Ihre Gruppen auf. Machen Sie einzelne Workshops oder Aktionen, in denen die Teilnehmer ein intellektuelles oder aber ein physisches Ergebnis schaffen müssen. Das können Kunst- oder Bauaktionen sein, deren Thema und Aufgabe von den Zielen des Events abgeleitet sind.

Aber auch Produkte lassen sich interaktiv inszenieren, ob das im simpelsten Fall im Rahmen der Händlertagung eines Softdrinkherstellers ein Trupp sprechender Getränkeflaschen ist, die das Publikum befragen oder ob das digital-mediale Aktionen sind. Davon später mehr, denn es gibt noch mehr gute Gründe für Events.

Der Commitment-Act wird durch eine symbolische Tat dargestellt

Eine weitere aktuelle Inszenierungsform der Interaktion ist der Commitment-Act, der in der Regel durch eine gemeinsame symbolische Tat dargestellt wird.

PSYCHOLOGISCHE FAKTOREN

2 Warum Event?

Erinnern Sie sich noch an die Fernsehwerbung, die Sie gestern angeschaut haben? Oder an die Printanzeige ihres Traumautos? Nein? Den meisten geht es auch nicht anders, denn die Informationslawine und Reizüberflutung ist heute so gewaltig, dass es rein quantitativ immer schwieriger wird, mit unseren Botschaften bei den Menschen, die unsere Zielgruppen ausmachen, tatsächlich anzukommen. Von Wirkung ganz zu schweigen.

Denn es ist gewissermaßen wie in der Medizin, wo der freizügige Einsatz von Antibiotika Resistenzen hervorruft. Also überblättern wir genervt die Werbung oder zappen sie weg.

2.1 Psychologische Faktoren

Die menschliche Wahrnehmungsleistung ist sehr begrenzt. Von der Informationsmenge, die auf uns tagtäglich einströmt, wird nur ein verschwindend kleiner Prozentsatz aufgenommen. Ein noch geringerer Anteil wird auch verarbeitet. Gespeichert wird das Allerwenigste. Die Wahrnehmung des Menschen ist also extrem selektiv.

Die Wahrnehmung des Menschen ist extrem selektiv

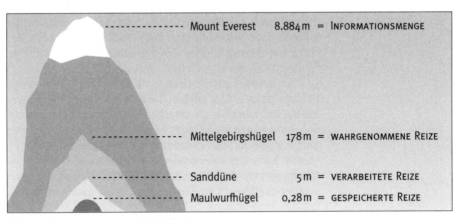

Abb. 12: Wahrnehmung und Gedächtnis

Diese natürliche Einschränkung der menschlichen Wahrnehmung ist der eine Faktor. Der andere ist die Zunahme der Werbebotschaften, mit über 2.500 Reizen pro Tag ist das also immer noch ein alpiner Gipfel, um im Bild zu bleiben. Das Kabel-

stetige Zunahme der Werbebotschaften

WARUM EVENT?

und Satellitenfernsehen hat die Zahl der Werbespots vervielfacht. Mehr Werbung als in einem Verkaufs- und Werbesender wie QVC geht nicht und ist sicherlich auch nicht erträglich. Und vergleichen Sie doch einmal das Anzeigenaufkommen in Ihrer Lieblingszeitschrift mit dem von vor 30 Jahren.

Werbung ist allgegenwärtig

Selbst das genügt der Werbewirtschaft und ihren Kunden nicht. Der Erfindungsreichtum ist erstaunlich. Ständig wechselnde Bandenwerbung bei Sportübertragungen oder Splitbildschirme, die das Ausstrahlen einer Sendung und eine parallele Dauerwerbung ermöglichen, sind die eine Strategie. Werbung schleicht sich aber auch als AMBIENT COMMUNICATION in bisher werbefreie Zonen ein: Printmotive auf Pizzaverpackungen und auf Toiletten, Werbung auf Kanaldeckeln, Werbeansagen inmitten von Telefongesprächen ...

zunehmende Resistenz gegen kommunikative Reize

Botschaften gehen in der Informationsflut unter. Kein Wunder, dass wir Menschen gegen Kommunikationsreize resistent werden und immer weniger auf sie reagieren.

Marketing-Events konzentrieren die Aufmerksamkeit der Teilnehmer

Marketing-Events haben im Gegensatz dazu einen ganz wesentlichen Vorzug. Die Abgrenzung der Veranstaltung durch einen zeitlichen und räumlichen Rahmen konzentriert die Aufmerksamkeit der Teilnehmer. Die Aufnahmebereitschaft der Teilnehmer ist höher und intensiver. Die Inszenierung mit Ton, Licht, Darstellung und der rituelle Rahmen des Besonderen emotionalisiert und vertieft die Wirksamkeit.

Auch die Akzeptanz ist höher, denn der potenzielle Eventbesucher kann selbst entscheiden, ob er teilnimmt oder fernbleibt. Das betrifft auch Mitarbeiterveranstaltungen, bei denen es eine Anwesenheitspflicht gibt. Durch eine gut geplante Kommunikation und eine sorgfältige Einladungsstrategie im Vorfeld können Sie vermeiden, dass die Teilnehmer das Gefühl haben, der Event sei eine lästige Pflichtveranstaltung.

Aber es gibt noch weitere Gründe, die für Events sprechen.

2.2 Warum verschwinden die Unterschiede?

Warum kaufen Sie ein Produkt oder eine Dienstleistung? Die Qualität, das Design und der Service sind in unserer Ökonomie durch technischen Fortschritt oder Verbraucherschutz auf einem hohen Niveau. Das betrifft längst nicht mehr nur Kon-

WARUM VERSCHWINDEN DIE UNTERSCHIEDE?

sumgüter, sondern auch Dienstleistungen und selbst Investitionsgüter. Für den Verbraucher ist das traumhaft, für den Werber ein Albtraum, denn so gibt es keine eindeutig kommunizierbaren Unterscheidungsmerkmale mehr. Auch die ideellen Werte, wie das Image eines Produktes oder eines Unternehmens, werden zunehmend verwechselbarer.

Produkte und Dienstleistungen werden austauschbarer

Was zeichnet dagegen ein starke Marke aus? Geht es Ihnen nicht auch so, dass Sie eine bestimmte Marke wegen der positiven Gefühle, die sie in Ihnen weckt, regelrecht mögen und ihr deshalb sogar treu sind? Gefühle sind eben viel stärker als alle rationalen Argumente. Setzen Sie dieses Potenzial gezielt und bewusst in der Marketingkommunikation ein.

Gefühle wirken viel stärker als alle rationalen Argumente

Die einzelnen Disziplinen der Marketingkommunikation ermögichen dabei sehr unterschiedliche Grade der Emotionalisierung. Der Event bietet das höchste Emotionalisierungspotenzial.

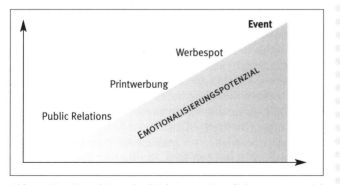

Abb. 13: Der Event bietet das höchste Emotionalisierungspotenzial

Der effektive Einsatz von szenischen Mitteln und der gekonnte Umgang mit Spannung durch die Dramaturgie sind bewährte Gefühlsauslöser, die in der mehrtausendjährigen Geschichte von Ritualen und Theater erprobt sind. Vom Theater lernen heißt in Bezug auf Marketing-Events siegen lernen.

Vom Theater lernen heißt in Bezug auf Marketing-Events siegen lernen

NUTZEN SIE DEN HOHEN EMOTIONALISIERUNGSFAKTOR VON EVENTS, UM IHRE PRODUKTE UND DIENSTLEISTUNGEN ZUMINDEST KOMMUNIKATIV WIEDER UNTERSCHEIDBAR ZU MACHEN.

2.3 Soziale Faktoren

Sie finden noch eine ganze Menge weiterer Gründe, die für den Einsatz von Marketing-Events sprechen. Diese werden immer häufiger auch von den Wissenschaften untersucht, von Ökonomie, Psychologie, Kommunikationswissenschaften oder Soziologie.

Da ist die vielzitierte Spaß- und Freizeitgesellschaft, deren flächendeckende Existenz man allerdings getrost bezweifeln darf. Man kann aber davon ausgehen, dass die Menschen über immer mehr Zeit verfügen, die es sinnvoll zu füllen gilt. Freizeitparks und Reisen boomen auch deshalb seit Jahren.

In so genannten Brandparks können die Besucher eine inszenierte Markenwelt erleben

Diese Trends finden sich auch in der Marketingkommunikation. Unternehmen konkretisieren ihre Botschaften in so genannten BRANDPARKS, in denen die Besucher tagtäglich eine inszenierte Markenwelt erleben können. Die Wolfsburger AUTOSTADT von VOLKSWAGEN ist ein Paradebeispiel für ein gelungenes Projekt. Nicht alle bisherigen Versuche waren erfolgreich. Aber in den nächsten Jahren werden immer mehr Disneyworlds der Marketing-Kommunikation entstehen.

Reiselust und Fernweh werden mit Incentive-Reisen bedient. Incentives sind Anreizsysteme für motiviertes Verkaufen wie Verkaufswettbewerbe, an deren Ende oft organisierte Reisen mit einem Eventprogramm steht. Marketing-Events finden außerdem häufig in touristisch interessanten Destinationen statt. So werden europäische Autohändler in die Wüste Arizonas, VIPs auf den Ätna, Pharmamanager nach Monte Carlo oder Journalisten nach Dubai geschickt.

Brandparks und Fernreisen funktionieren, weil sie eine Plattform für unvergessliche Erlebnisse sind. Nutzen Sie die Möglichkeit Ihre Marke, Ihr Unternehmen, Ihre Produkte oder Dienstleistung erfahrbar zu machen.

geschickte Inszenierung und Dramaturgie sind nicht vom Budget abhängig

Dazu müssen Sie keine Milliarden investieren oder gar Ihre Zielgruppe in den Dschungel Borneos senden. Ein intensives Erlebnis kann durch geschickte Inszenierung und Dramaturgie ebenso gut in einer neutralen Werkshalle geschaffen werden. Setzen Sie es so ein, wie ein Fünfsternekoch mit Kräutern und Gewürzen umgeht: angemessen und nicht die Überdosis.

Soziale Faktoren

Neue Kommunikationstechnologien

Was haben die neuen Kommunikationsmöglichkeiten mit sozialen Faktoren zu tun? Die Frage ist berechtigt. Es geht mir aber primär gar nicht um den Hinweis, dass immer mehr Events für die Kommunikationbranche veranstaltet werden. Dieser Markt boomt langsam aus, trotzdem haben Satellitenfernsehen, mobile Telefone und vernetzte Computer unser Leben massiv verändert. Immer mehr Kommunikation findet nur noch medial vermittelt statt. In der Wirtschaft war das schon immer so, wenn Telegramme oder Telexe in die Welt gesendet wurden. Doch auch die Technisierung des Alltags wird radikaler. Kids haben in unserer Gesellschaft selbstverständlich ein Handy. Damit telefonieren sie aber wenig. Stattdessen versenden sie SMS-Nachrichten. Und sie halten sich, so scheint es mir, lieber in den virtuellen Chatrooms des Internets als in realen Räumen auf.

Immer mehr Kommunikation findet nur noch medial vermittelt statt

Bald übernimmt der intelligente Kühlschrank die Wocheneinkäufe, mit der Folge, dass der menschliche Kontakt und die zwischenmenschliche Kommunikation aus dem Alltag ausgeblendet werden. Auch das E-Business wird auf Dauer boomen, reale Geschäfte verschwinden währenddessen.

Direkte zwischenmenschliche Kommunikation wird zunehmend aus dem Alltag ausgeblendet

Wo bleiben dann die Menschen und deren Bedürfnis nach Erlebnissen? In dieser Entwicklung steckt eine große Chance für das Event-Marketing, denn es wird eine Gegenreaktion geben.

Der Wunsch nach direkter Kommunikation, nach physischem und unmittelbarem Erlebnis, wird die Menschen zu Events treiben.

Colja M. Dams, einer der wenigen deutschen Spezialisten für Online-Events, ist fest davon überzeugt, dass der Einzelhandel, wie wir ihn heute kennen, immer mehr verschwindet:

„Wir kaufen zukünftig im WorldWideWeb ein. Marketing-Events werden in vielen Wirtschaftsfeldern die einzige Möglichkeit bleiben, Produkte real zu erfahren, ob das nun permanente Inszenierungen wie die Autostadt sind oder einmalige Veranstaltungen."

In den Achtzigerjahren gab es übrigens eine ähnliche Entwicklung, als gerade die flächendeckende Einführung von Kabelfernsehen und Videorecordern ganz gegenläufig zu einem Boom für die Kinos und Musicaltheater führte.
Auch wenn es einige „Nerds" und „Freaks" geben wird, die lieber in ihrer High-Tech-Höhle, wie sie die Trendforscherin Faith Popcorn schon vor Jahren beschrieb, vor den Bildschirmen hocken bleiben, wollen viele Menschen doch wieder direkte Kommunikation und authentisches Erleben.

Die Technisierung schafft so ihre eigene Gegenreaktion, den Trend zum Event.

3 Die Zersplitterung der Märkte

Die großen, uns bekannten Zielgruppen lösen sich auf

Kommen wir noch einmal auf die Zielgruppen zurück. Wo sind sie hin? Der Arbeiter, der Angestellte, die berufstätige Frau ... Das sind heute nur noch grobe Klischees. Mit der zunehmenden Individualisierung lösen sich die großen, uns bekannten Zielgruppen auf, stattdessen bleiben Szenen und Milieus.

Suche nach dem kleinsten gemeinsamen Nenner

Massenmedien brauchen aber die Masse eines kleinsten gemeinsamen Nenners, um zu wirken. Was bei Waschmitteln und Kartoffelchips noch funktioniert, funktioniert bei kom-

Massenmarkt	**Zielgruppenmarkt**	**Szenenmarkt/Milieus**
langfristig und statisch	relativ statisch	sehr lebendig und wechselhaft
sehr allgemein	eher allgemein	Spezialisierung
anonym	eher anonym	sehr individuell
Quantität	Quantität	Qualität
langfristig	mittelfristig	kurzfristig
Geringes Maß an Flexibilität	mittleres Maß an Flexibilität	äußerste Flexibilität

Abb. 14: Die Zersplitterung der Märkte

Die Zersplitterung der Märkte

plexeren Waren überhaupt nicht mehr. Warum etwa kauft ein sechzigjähriger Architekt einen JAGUAR oder VOLVO, aber keinen MERCEDES, obwohl er bezogen auf Einkommen, Beruf und Alter hervorragend in die Zielgruppe passt?

Heute sind differenziertere und komplexere Definitionen gefordert, die, ob man sie nun Szene oder Milieu nennt, eines gemeinsam haben: Die Gruppen sind überschaubar. Und daher eignen sich Marketing-Events als zentrales Medium. Sie können die Menschen individuell ansprechen und unmittelbar mit ihnen in Dialog und Interaktion treten.

Die Gruppen sind überschaubar

Das sind nun einige ausgewählte und gute Gründe, die auch langfristig für den Einsatz von Events in Ihrer Marketingkommunikation sprechen. Setzen Sie Events gezielt und damit hochwirksam ein.

Jetzt wird es spannend, denn es stellt sich die Frage, wie Sie das tun können. Die Antwort finden Sie in den nachfolgenden Kapiteln.

Teil D Wie richtet man Events aus?

Sie sind ungeduldig? Sie haben genug der grauen Theorie und wollen es jetzt wissen: Wie mache ich es konkret mit einem Marketingevent? Was sind die Geheimtipps, Patentrezepte, Tricks und Kniffe der Profis?

Ich kann Ihnen leider nicht viel davon bieten, denn es gibt nur zwei „Tricks". Der eine heißt Kreativität und ist so planbar wie ein Sommergewitter, der andere heißt Erfahrung und braucht Zeit.

Es ist gut, dass es Agenturen, Kreative und bewährte Eventmanager gibt, die Ihnen ihre Ideen und ihren Erfahrungsschatz leihen. Das kostet Geld. Aber ein guter Bergführer, der Ihnen hilft, den Gipfel zu erreichen und nicht abzustürzen, kostet schließlich auch etwas.

Im nächsten Teil finden Sie die Antworten auf die Schlüsselfragen: Wie finde ich die richtige Idee, was kostet sie mich samt Realisierung und wie setze ich sie richtig um?

1 Das Konzept

1.1 Wie schreibe ich ein Konzept?

Die Form der Idee

Eine Idee ist etwas Vages. Sie existiert anfänglich nur in Ihrem Kopf oder Ihrer Seele. Deshalb braucht sie eine Form. Und die heißt in der ersten Stufe der Realisierung eines Events Ideenskizze oder Konzept.

WAS IST DER UNTERSCHIED ZWISCHEN IDEE UND KONZEPT?

Konzept = ausführliche Ideenskizze

Die Ideenskizze ist ein knappes Konzept und ein Konzept ist eine ausführliche Ideenskizze. Das Dilemma liegt in der Grauzone der Realität. Bei einigen Agenturen ist eine Ideenskizze nicht recherchiert oder sie enthält keine Budgetkalkulation. Dann müssen Sie sich auf deren Erfahrung verlassen, dass die Idee, die Sie vielleicht den eigenen Entscheidern schon erfolgreich präsentiert oder für die Sie sich selbst entschieden haben, tatsächlich auch so realisierbar ist.

DAS KONZEPT AN SICH

Machen Sie eine Ideenskizze oder geben Sie diese in Auftrag, wenn es auf Ihrer Seite noch viele Unbekannte gibt, wie möglicher Zeitraum oder Zeitpunkt. Oder nutzen Sie diese Möglichkeit, wenn Sie erst einmal einige kreative Ansätze zum Vergleich „herauskitzeln" wollen, bevor Sie an die Details gehen.

1.2 Das Konzept an sich

Im Anfang war das Wort, heißt es in der Bibel. Und das gilt auch für einen Event. So wie das Drehbuch einem Film, das Stück einem Schauspiel zugrunde liegt, so ist das Konzept die sprachliche und oft auch illustrierte erste Form eines Marketing-Event.

> DAS KONZEPT IST DIE GEISTIGE AUSGANGSBASIS FÜR DIE REALISIERUNG DES SPÄTEREN MARKETING-EVENTS.

Es ist Entscheidungsgrundlage, ob und wie er später stattfinden wird. Es beschreibt Dramaturgie und Inszenierung und aus ihm sind alle Aufgaben und Jobs für die spätere Umsetzung ableitbar.

Wie viel kostet ein Konzept?
Was ist Ihnen die Kreativität wert? Ein faires Honorar? Wenn Sie nicht bereit sind für die Konzepterstellung zu zahlen, dann offensichtlich nichts. Was müssen Ihre Kunden für Ihre Produkte oder Dienstleistungen zahlen? Was kostet Ihre Forschungs- und Entwicklungsarbeit?

Das Konzept ist ein wesentlicher Teil eines Events. Dementsprechend sollte es auch angemessen honoriert werden, auch wenn das leider nicht selbstverständlich ist. Dabei können Sie als Auftraggeber die Rahmenbedingungen und den Umfang selbst bestimmen und damit die Kosten auch in dieser Phase fest im Griff halten.

Das Konzept ist ein wesentlicher Teil eines Events

Die Eventagenturverbände in Deutschland, Österreich und der Schweiz führen bei ihren Mitgliedern Umfragen zu den Honoraren durch, um durch deren Veröffentlichung mehr Transparenz herzustellen.

DAS KONZEPT

Für die Konzepterstellung werden Präsentations- und Konzepthonorare gezahlt

Der Honorarguide des FME – FORUM MARKETING-EVENTAGENTUREN – unterscheidet in Präsentationshonorare und Konzepthonorare. Im Alltag werden die Begriffe jedoch nicht mit einer solchen Trennschärfe verwendet.

Theoretisch sieht es so aus:
- Das PRÄSENTATIONSHONORAR zahlen Sie der Agentur für die Erstellung und Präsentation des Konzeptes. Die Nutzungsrechte verbleiben, sofern nicht anders vereinbart, beim Urheber.
- Das KONZEPTHONORAR zahlen Sie im Falle der weiteren Beauftragung der Agentur. Damit erhalten Sie, sofern nicht anders vereinbart, die einmaligen und zweckgebundenen Nutzungsrechte für Ihren Event.

Die unten angegebenen Honorare sind Anhaltswerte in Euro. Die Definitionen und Beträge sind an die im Honorarguide veröffentlichten Sätze des FME angelehnt. Sie können allerdings im Alltag und bei konkreten Fragestellungen stark abweichen.

HONORARKOSTEN FÜR KONZEPTE		
	Von-bis-Sätze	Mittelsatz
IDEENSKIZZE ohne Präsentation, nicht recherchiert, mit Grobkosten	1.500–3.500 €	2.500 €
MITTLERE KONZEPTION mit Präsentation, recherchiert, mit Kostenrahmen	3.750–6.250 €	5.000 €
GROSSE KONZEPTION Konzept mit Visualisierung, Optionen, verbindlicher Kalkulation	6.750–10.000 €	7.500 €
KOMPLEXE KONZEPTION außergewöhnlich anspruchsvolle aufwändige und umfangreiche Projekte	10.000–20.000 €	15.000 €

Das Konzept an sich

Wem gehören die Ideen?
Die Ideen sind das Kapital der Kreativen. Deshalb kaufen Sie als Kunde mit dem Konzeptionshonorar nicht die Idee selbst, sondern nur deren einmalige zweckgebundene Nutzung und auch nur, wenn Sie die Urheberagentur mit der Umsetzung beauftragen. Zum Schutzumfang gehören nicht nur die eigentlichen Konzepte selbst, sondern auch alle Visualisierungen, Texte, Entwürfe, Scribbles, Grafiken oder Animationen. Eine entsprechende Klausel finden Sie in den Konzepten, Verträgen, Angeboten oder den Allgemeinen Geschäftsbedingungen der Agenturen.

Sie kaufen die einmalige zweckgebundene Nutzung der Idee

Natürlich können Sie versuchen, weitergehende Nutzungsrechte zu erwerben oder einvernehmlich eine andere Regelung treffen. Das ist aber verständlicherweise immer mit Mehrkosten verbunden.

Wie viel Zeit braucht ein Konzept?
Kein Event fällt einfach so vom Himmel. Planen Sie frühzeitig und lassen Sie der Agentur ausreichend Zeit. Vier bis sechs Wochen sind ein guter Zeitrahmen. Ein sehr komplexes Projekt braucht vielleicht mehr. Im Alltag sind die Fristen leider oftmals wesentlich kürzer. Im Falle zu knapper Fristen ist es sicher zweifelhaft, ob die „Hauruckverfahren", in denen das Konzept dann zwangsläufig entstehen muss, zum besten Ergebnis führen können. Meistens werden dann doch die Schubladen geöffnet und alte Ansätze recycelt.

Vier bis sechs Wochen sind ein guter Zeitrahmen

Das Briefing
Am Anfang steht Ihr Wort, ob Sie nun selbst ein Konzept erarbeiten, dieses bei einem Mitarbeiter oder einer externen Agentur in Auftrag geben. Nur wenn Sie wissen, was Sie wollen, können Sie die Aufgabenstellung und die Kommunikationsziele klar und umfassend in einem so genannten Briefing definieren. Es enthält alle wesentlichen Fakten, eine klare Aufgabenbeschreibung und die Zieldefinition.

Das Briefing enthält alle wesentlichen Fakten, eine klare Aufgabenbeschreibung und die Zieldefinition

Ohne gutes Briefing ist es nahezu unmöglich ein gutes Konzept zu erarbeiten. Nehmen Sie sich also Zeit für ein persönliches oder ein ausführliches schriftliches Briefing. Und seien Sie nicht genervt, wenn eine Agentur kluge Fragen stellt, denn das zeigt, dass sie in Ihrem Sinn mitdenkt.

> **PRAXIS**
>
> **Briefing**
>
> **DIE HARDFACTS**
> - Wer ist die Zielgruppe?
> - Was ist der Anlass?
> - Wo soll der Event stattfinden?
> - Wann ist der geplante Zeitpunkt?
> - Wie lange soll er dauern?
> - Wie hoch ist das Budget?
> - Welche Leistungen müssen erbracht werden?
>
> **DIE SOFTFACTS**
> - Wie lautet die Aufgabe?
> - Was sind die Eventziele?
> - Wie ist die Einbettung in die Gesamtkommunikation?
> - Welche Probleme gibt es?
> - Welche Hilfen gibt es?
> - Was muss noch berücksichtigt werden?

Wenn sich Bedingungen ändern, ist es Zeit für ein Rebriefing

Kaum ein Konzept wird so realisiert, wie es ursprünglich gedacht wurde. Rahmenbedingungen können sich ändern, Inhalte werden spezifiziert. Dann ist es höchste Zeit für ein Rebriefing. Aber auch wenn ein Konzept prinzipiell zwar gut, aber im Detail noch zu weit weg von der von Ihnen gestellten Aufgabe ist, sollten Sie rebriefen, um in einem nächsten Schritt dann ein befriedigendes Ergebnis zu haben.

Es ist ein weiter Weg vom Agenturbriefing zum präsentationsreifen Konzept. Wie bei allen kreativen Leistungen bedarf es nicht nur der Inspiration, sondern auch jeder Menge Transpiration.

1.3 Das Innere des Konzepts

Ein Konzept hat einen Inhalt und eine Form. Die äußere Form ist gewissermaßen das Skelett, die Inhalte sind die Organe. Beides sind wesentliche Elemente. Die Frage, was wichtiger ist, ist so sinnvoll wie die nach der Henne und dem Ei. Da

Das Innere des Konzepts

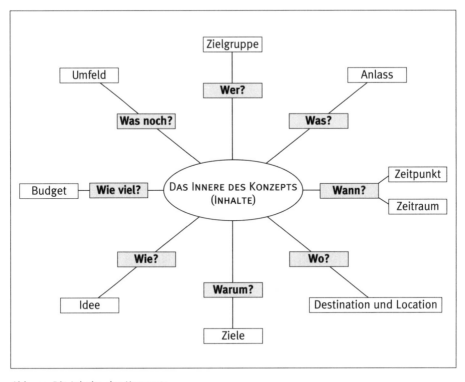

Abb. 15: Die Inhalte des Konzepts

wir aber irgendwie anfangen müssen, tun wir das mit den Inhalten.

Die Zielgruppe – oder wer?

Im ersten Teil sind Sie bereits auf diesen „human factor" gestoßen. Wir machen Events für Menschen, nicht für abstrakte Marketingmodelle oder klischeehafte Phantasien. Deshalb sollten Sie neben den marketingspezifischen Anforderungen die nahe liegenden Bedürfnisse nicht vergessen.
- Wer sind die Teilnehmer?
- Wie viele sind es?
- Woher kommen sie?
- Was wollen sie?
- Welche Sprachen sprechen sie?
- Welcher Kultur, welcher Szene gehören sie an?

Wir machen Events für Menschen, nicht für abstrakte Marketingmodelle

DAS KONZEPT

Es gibt extrem eventverwöhnte Berufsgruppen wie Ärzte, Autohändler oder Journalisten, die fast „alles" schon gesehen haben. Das ist dann keine leichte Aufgabe, diese Menschen zu überraschen und immer noch zu begeistern. Mit Standardlösungen funktioniert das keinesfalls.

Partnerprogramm

Kommen wir zum Stichwort „Damenprogramm", das stattfindet wenn die „Herren" tagen. Dies ist nicht nur ein begrifflicher, sondern auch ein inhaltlicher Anachronismus. Nennen Sie es Partnerprogramm und verzichten Sie auf die oberflächlichen Touren wie Shopping, Friseurbesuch oder Wellness. Lassen Sie sich angenehm überraschende Programme als Alternativ-Angebot einfallen. Dramaturgie lebt von der Überraschung.

GEHEN SIE GEKONNT MIT DER ERWARTUNG IHRER ZIELGRUPPE UM, DENN NICHTS IST LANGWEILIGER ALS DAS VORHERSEHBARE.

Der Anlass – oder was?

Der Anlass muss nicht notwendig auch die Botschaft bestimmen

Lassen sie nicht den manchmal zufälligen Anlass die Botschaft bestimmen, denn Marketing-Events sollten Sie nicht wie Feste alleine deshalb feiern, weil sie fallen. Geben Sie dem Event vielmehr aktiv die kommunikative Bedeutung, die aus Marketingsicht wichtig ist.

Es gibt primäre und zeitliche Anlässe wie ein Jubiläum, eine Jahreshauptversamlung oder eine Messe. Und es gibt sekundäre Anlässe wie eine Produkteinführung, die Kommunikation eines ganz bestimmten Themas oder ein Kick-Off als Motivationsveranstaltung.

Hier nun ein paar Tipps zu dem, was schon in Teil B angerissenen wurde.

- Das JUBILÄUM ist zwar ein schöner Anlass zurückzublicken, aber ist die Zukunft nicht wichtiger? Muss es immer gleich die Zeitreise sein? Hier gilt: Bauen Sie Spannung auf, indem Sie mit den Erwartungen der möglichen Teilnehmer spielen.

Das Innere des Konzepts

- Jahreshauptversammlungen sind sehr komplex. Auch bei dieser Art Veranstaltung geht der Trend zu mehr Event, denn die Aktionäre haben sich verändert. Sie sind jünger und hedonistischer. Aber eine Jahreshauptversammlung ist, gerade wenn es kritische Aktionärsgruppen wie bei Energie- oder Chemieunternehmen gibt, auch ein potenzieller Fettnapf. Wie viel Event ist daher angemessen? Hinzu kommt ein Geflecht von Gesetzen, Vorschriften und Regularien, die zu beachten und einzuhalten sind.

  Jahreshauptversammlungen sollten bis ins letzte Detail geplant sein

  Alle Reden und Ansagen sind beispielsweise auch bis aufs stillste Örtchen zu übertragen, damit niemand die Abstimmungen verpasst und sie formell anfechten kann.

  Die genaue Teilnehmerzahl bleibt bis zum letzten Zeitpunkt ein Ratespiel, daher müssen parallel mehrere Locations mit unterschiedlichen Kapazitäten bereitstehen. Wenn Störungen oder Krisenfälle zu erwarten sind, sollten auch geheime Locations eingeplant sein.

- Bei Messen sollten Sie genau überlegen, wie Sie das Instrument Event nutzen. Messestände können durch Inszenierungen belebt werden, aber diese sollten den eigentliche Kommunikationszweck nicht überdecken. Ist eine spektakuläre Show so laut, dass Ordergespräche nur brüllend geführt werden können, ist sie kontraproduktiv.

  Inszenierungen sollten den eigentlichen Kommunikationszweck nicht überdecken

- Produkteinführungen: Die Möglichkeiten ein Produkt mit einer Liveinszenierung einzuführen sind nahezu unendlich. Autos in der Eigernordwand, auf dem Berliner Sony-Hochhaus oder einer Bergflanke des feuerspeienden Ätna – das alles ist schon einmal dagewesen. Was machbar ist, hängt natürlich auch vom Produkt selbst ab.
  - Wie mobil ist das Produkt?
  - Wie komplex ist das Produkt?
  - Wie abstrakt ist das Produkt?
  - Welche Information muss vermittelt werden?
  - Wie ist das reale und das gewünschte Image?
  - Was sind die Ziele?

  Ein neue Anlage zur Müllverarbeitung können Sie nicht einfach an eine spektakuläre Destination verlegen. Noch

DAS KONZEPT

schwieriger wird es bei Dienstleistungen. Sie sind abstrakt. Ich kann weder Scheinwerfer noch Mikrofone auf sie richten.
Ob Produkt oder Dienstleistung, die zu vermittelnde Botschaft sollte nicht durch Effekte bis zur Unkenntlichkeit überstrahlt werden.
Neben der Inszenierung spielt natürlich die Dramaturgie eine ebenso wichtige Rolle. Aber dazu später mehr.

Inszenieren Sie Produkte interaktiv

Inszenieren Sie Produkte interaktiv. Belassen Sie den Event nicht einfach bei einer bunten Bühnenshow, bei der die Produkte im Scheinwerferlicht stehen und das Publikum passiv im Dunkeln sitzt. Schaffen Sie aktive Erlebnisse durch Ausprobieren, Testmöglichkeiten und unmittelbares Erleben.

- INFORMATION: Marketing-Events wecken nicht nur Emotionen, sie vermitteln auch Informationen. Sei es nun direkt, verbal, visuell oder indirekt durch Erlebnis und Inszenierung wie im Falle der „getanzten Produktvorteile". Nur der Veranstalter kann wissen, was die wesentlichen und wichtigen Themen sind. Legen Sie also die Inhalte fest.

- KICK-OFFS als Motivationsveranstaltungen dienen dazu, Mitarbeiter zu Aktivität, zum Beispiel zu mehr Produktivität oder zu mehr Verkäufen zu ermuntern. Wie bereits im ersten Teil beschrieben, kann das recht schwierig sein, wenn die Motivationslage im Unternehmen nicht gut ist.

Zeitpunkt und Zeitraum – oder wann?

Der Anlass für einen Event ist wichtig, aber genauso bedeutend sind die Ziele, die sich eventuell von ihm ableiten lassen oder sich durch ihn ergeben.
Wann soll der Event stattfinden? Gibt es einen möglichen Zeitpunkt, ein Datum, eine bestimmte Uhrzeit?

PLANEN SIE EINEN MARKETINGEVENT SO, DASS IHRE ZIELGRUPPE DARAN TEILNEHMEN KANN.

Das klingt trivial, aber es existiert eine Menge zeitlicher Hinderungsgründe und Probleme. In der Regel gibt es immer

Das Innere des Konzepts

Feiertage, Urlaubszeiten oder große Messen, durch die die Anwesenheit eines Großteils der potenziellen Teilnehmer verhindert wird. Gibt es weitere unternehmensspezifische zeitliche Tabuzonen? Weiterbildungen, Produktionszeiträume, Inventuren, Arbeitszeiten oder Abschlüsse? Ist das vorzustellende Neuprodukt überhaupt fertig und verfügbar? Immer wieder werden Events deshalb verschoben oder abgesagt, weil das Produkt dann eben doch noch nicht fertig ist oder die neue Sales-Strategie immer noch nicht steht.

Stimmen Mondeinfluss und Biorhythmus? Ganz im Ernst, fragen Sie mal Polizisten und Feuerwehrleute, was in Vollmondnächten los ist. Und bei der Programmfestlegung sollten Sie den menschlichen Biorhythmus berücksichtigen. Ein düsterer Zuschauerraum im Kongresszentrum direkt nach dem Mittagessen lädt einfach zum Schlummern ein. Geben Sie entweder Zeit für Entspannung oder aktivieren Sie Ihre Teilnehmer durch Workshops und Aktionen.

Als Veranstalter oder Konzeptioner können Sie nicht einfach über die Zeit anderer Menschen verfügen, besonders wenn es um Mitarbeiterveranstaltungen geht. Gerade bei Abendveranstaltungen oder Wochenendevents fällt zusätzliche Arbeitszeit an. Klären Sie, ob diese durch zusätzliche Freizeit ausgeglichen oder ausbezahlt wird. Über dieses Thema sollten Sie frühzeitig mit dem Betriebsrat oder der Personalvertretung sprechen, um eine einvernehmliche Regelung zu treffen.

Besonders bei Mitarbeiterveranstaltungen kann die Teilnahme nicht zu jeder Zeit als selbstverständlich vorausgesetzt werden

Jetzt wissen Sie immerhin, wann Ihr Event stattfinden kann. Aber wie lange soll er sein? Da gibt es eine simple Regel: So lange wie nötig und so kurz wie möglich. Zeit und Aufmerksamkeit sind kostbare Ressourcen. Gehen Sie so effizient wie möglich damit um. Auch die Reisen zum und vom Veranstaltungsort sind Zeiten, die berücksichtigt, überbrückt oder gestaltet werden müssen. Mehr dazu finden Sie im Kapitel Dramaturgie.

So lange wie nötig und so kurz wie möglich

Destination und Location – oder wo?

Gibt es eine Vorstellung, an welchem Ort der Welt, in welcher Location das Event stattfinden soll?

DAS KONZEPT

Der Veranstaltungsort ist wesentlicher Teil einer Inszenierung

Eine Location ist immer mehr als eine bloße Hülle für eine definierte Menge von Menschen, denn der Veranstaltungsort hat eine ganz zentrale kommunikative Bedeutung. Er ist wesentlicher Teil der Inszenierung. Image, Architektur, Eignung spielen ebenso eine Rolle wie Lage, Kapazität, Ausstattung, Kosten und Verfügbarkeit.

Eine attraktive Destination stimmt positiv ein. Eine besondere Location schafft Überraschung und Spannung. Die echte Architektur eines Barockschlosses, eines Industriedenkmals oder eines futuristischen Bauwerks ist so authentisch, wie es keine noch so teure Dekoration sein kann. Allerdings können die Kosten den Kreis der wünschenswerten Destinations und Locations sehr schnell einschränken oder bestimmte Vorstellungen ausschließen.

Fragen, die sich im Zusammenhang mit der Location stellen, betreffen:
- IMAGE
- ARCHITEKTUR
- EIGNUNG
- LAGE
- KAPAZITÄT
- AUSSTATTUNG
- KOSTEN
- VERFÜGBARKEIT
- SICHERHEIT

Die Ziele – oder warum?

Welche Bilder entstehen in Ihrem Kopf, wenn Sie an einen Marketing-Event denken? Buntes Showlicht, attraktive Akteure, knallige Videos, fröhliche Teilnehmer? Das alles ist reine Konvention. Viel zu oft gehen wir diesen Klischees schon in den frühen Phasen eines Konzeptes auf den Leim.

Event ist viel mehr als Entertainment und Fun

Hier sind Sie als Auftraggeber und Veranstalter massiv gefordert. Denn nur Sie wissen, was Sie wollen. Ich will Ihnen damit die Party nicht verderben, aber Event ist viel mehr als Entertainment und Fun. Mit Freibier und Hummer können Sie Ihre Mitarbeiter oder Händler in der Regel nur sehr kurzfristig motivieren.

Es gibt sehr unterschiedliche Ziele. Man unterscheidet qualitative und quantitative Ziele (siehe auch Teil B, Kap. 3.2), die sich mit Marketing-Events erreichen lassen.

Nur wenn Sie Ihre Ziele eindeutig formuliert haben, können Sie später überprüfen, ob Sie die Ziele erreicht haben und damit den Erfolg Ihres Events beurteilen.

Das Innere des Konzepts

> **Ziele, die sich mit Marketing-Events erreichen lassen** **PRAXIS**
>
> **Qualitative Ziele**
> - Bewusstseinsbildung
> - Emotionalisierung und Aktivierung (Motivation)
> - Commitment
> - Information und Kommunikation
> - Produktkommunikation
> - Unternehmenskommunikation
> - Zielgruppenansprache (personenbezogen)
> - Image
> - PR-Wirkung (Multiplikatorenevents)
> - Indirekte Ziele (Sponsoring und Kooperation)
>
> **Quantitative Ziele**
> - Gewinnsteigerung
> - Neukundengewinnung
> - Abverkauf
> - Wachstum (Umsatzsteigerung, Marktanteil)
> - Kontakte (PR-Events)
> - Verminderung von Reklamationen

Die Idee – oder wie?

Die Philosophen beschäftigen sich schon seit mehreren tausend Jahren mit der Frage, was eine Idee ist.

Frei nach Hegel könnte man sagen: In der Idee für einen Event sind alle Anlagen vorhanden, wie der spätere Event stattfindet, ohne dass diese ausgeprägt sind. Zu kompliziert? Dann will ich Ihnen mit einem einfachen Bild auf die Sprünge helfen.

In den Genen einer befruchteten Eizelle sind alle späteren Erbanlagen des Menschen vorhanden: Das Gen für blaue Augen, für rote Haare oder für schlanke Finger. Doch die Zelle hat weder Augen, noch Haare noch Finger. Diese Ausprägungen finden erst später statt.

Vergleichbar ist das auch bei der Idee für einen Event. Aus ihr lässt sich alles ableiten, was beim späteren Event passiert, ob grünes oder rotes Licht, ob luxuriöses oder frugales Catering, ob drei Tage Dauer oder nur eine einzige Stunde.

DAS KONZEPT

Eine gute Idee ist immer einfach

Eine gute Idee ist immer einfach. Wenn Sie zur Erklärung mehr als eine DinA4-Seite oder fünf Minuten brauchen, dann stimmt sie nicht. Und von einer guten Idee lassen sich alle Maßnahmen konsequent und fast wie von selbst ableiten.

Leider ist es immer wieder zu erleben, dass man sich der Idee vom falschen Ende her nähert. Erst werden in langen Brainstormings Maßnahmen gesammelt, um diese dann mit sprachlicher Akrobatik oder Verschleierungstaktik zu einer vermeintlichen Idee zurechtzubiegen. Es ist wie beim sprichwörtlichen Kaiser, ohne Idee ist auch das Konzept nackt. Und immer mehr Kunden trauen sich auch, das auszusprechen.

Wenn Sie die Idee haben, ergibt sich auch das Motto. Es ist das Konzentrat, gewissermaßen der Extrakt der Idee: in wenigen Worten oder als klares Zeichen (Key-Visual).

WIE BEWERTE ICH EINE IDEE?

Das erste Kriterium ist die „Pessach-Frage". Am Sederabend, dem Abend vor dem höchsten jüdischen Feiertag, fragt das jüngste Familienmitglied: „Warum unterscheidet sich dieser Abend von allen anderen Abenden?" Und genau das müssen wir uns ebenfalls fragen, wenn wir unsere Eventidee auf den Prüfstand stellen.

Was unterscheidet diesen Event von allen anderen Events?

- Was unterscheidet diesen Event von allen anderen Events?
- Was unterscheidet diesen Event von denen, die wir selbst schon erdacht und realisiert haben?
- Was unterscheidet diesen Event von denen, die die Agentur schon konzipiert und umgesetzt hat?
- Was unterscheidet diesen Event von denen, die das Unternehmen, der Kunde, bereits realisiert hat?
- Was unterscheidet diesen Event von denen, die ich schon einmal besucht oder von denen ich Kenntnis erlangt habe?

Niemand kann immer wieder noch nie dagewesene Ideen haben. Die Einschränkungen, die ein Briefing, ein Produkt und Kunde bedeuten, lassen manchmal nur wenige kreative Lösungen zu. Aber Sie sollten alle Fragen, zumindest eingeschränkt, positiv beantworten können.

Nicht nur bei Unternehmen, auch bei Agenturen ist vorsätzlich oder unbewusst die Me-too-Strategie verbreitet: „Was

Das Innere des Konzepts

mir beim Anderen gefiel oder erfolgreich war, kann ebenso für mich funktionieren. Also nehme ich es." Das ist auch in der Kunst nicht unüblich. Allerdings gibt es einen Unterschied zwischen Fälschern, Kopisten, Meisterschülern und Meistern. Je mehr eigene Ideen und damit Originalität enthalten sind, desto besser. Auf jeden Fall sollten Sie das „Me first" dem „Me too" vorziehen.

Das Budget – oder wie viel?

Wenn es ein vorgegebenes Budget gibt, dann sollten und müssen Sie das bei der Konzeption berücksichtigen. Im Gegensatz zur weit verbreiteten Auffassung von Kunden engt das die Kreativität allerdings nicht unbedingt ein. Es grenzt aber die Idee auf ein realisierbares Maß ein, was Zeit und Frustrationen spart. Nichts ist unbefriedigender, als erst ein „Sei kreativ. Überrasche uns mit einer außergewöhnlichen Lösung" zu hören und nach der Präsentation die Abfuhr mit den Worten „Schöne Idee, aber leider ist sie wegen des Budgets nicht realisierbar" erteilt zu bekommen.

Das Budget in der Konzeption berücksichtigen

Das kommunikative Umfeld – oder was noch?

Integrierte Kommunikation ist mehr Schlagwort als Realität. Immer noch finden jede Menge Events statt, die weder auf die Corporate Identity, noch die Corporate Culture oder das Corporate Design eines Unternehmens oder einer Marke abgestimmt sind. Eine stringente Kommunikation darf sich daher nicht nur auf den eigentlichen Event selbst beziehen, sondern muss das gesamte kommunikative Umfeld einbeziehen. Dabei kann das die Marke selbst oder eine konkrete Werbekampagne sein.

Integrierte Kommunikation ist mehr Schlagwort als Realität

Prüfen Sie außerdem, was für die Kommunikation hilfreich und was störend ist. Positive Ertragslagen oder neue Modelle, auf die Endkunden sehnsüchtig gewartet haben, beschwingen die Kommunikation. Rauschende Feste und drohende Entlassungen vertragen sich schwerlich miteinander. Allerdings kann auch in kritischen Phasen eine direkte und persönliche Kommunikation durch einen Event genau das richtige Instrument sein. Wichtig ist nur, dass die Form der Situation angemessen ist.

Was ist für die Kommunikation hilfreich und was ist störend?

DAS KONZEPT

1.4 Die äußere Form des Konzepts

die Form der Inhalte Die Inhalte sind wichtig, aber sie brauchen eine Form. Eine Gliederung gibt sie ihnen. Natürlich ist diese Vorgehensweise konventionell. Aber nur wer die Pflicht beherrscht, kann sich an die Kür wagen und eine Gliederung willkürlich ändern oder vielleicht ganz darauf verzichten.

Konzeptgliederung

- DIE AUSGANGSLAGE
- DIE ZIELGRUPPE*
- DIE AUFGABE (ZIELE)
- DIE IDEE (MOTTO)
- DIE STRATEGIE*
- DIE UMSETZUNG (MASSNAHMEN)
- ABLAUF*
- BUDGET
- COPYRIGHT

Mit einem * gekennzeichnete Gliederungspunkte sind als eigenständige Abschnitte optional. Sie können aber in den anderen Kapiteln eingepasst werden.

Ob Sie nun die Gliederungspunkte nehmen und so eine Wiedererkennung in jedem Ihrer Konzepte schaffen oder je nach Konzept individuelle Titelzeilen schreiben: Überschriften sind ein wichtiger Aufmerksamkeitsfänger!

DIE AUSGANGSLAGE

Idee und Umsetzungsansätze begründen In der Ausgangslage beschreiben Sie knapp die wichtigen Grundbedingungen, die sich aus dem Briefing ergeben: Wer, wie, wo, wann, was, warum. Langweilen Sie die Entscheider nicht durch das endlose Aufzählen von Fakten, die diese als Briefinggeber sowieso schon kennen. Dieser Abschnitt dient vor allem dazu, Idee und Umsetzungsansätze zu begründen und mir selbst und dem Entscheider klar zu machen: Ich habe verstanden!

DIE ZIELGRUPPE*

Ob Sie diesen Abschnitt in die Ausgangslage integrieren, ist eine Frage der Gewichtung. Ist der Aspekt, unter dem die Zielgruppe gesehen wird, wichtig, sollten Sie ihr ein eigenes Kapitel widmen.

Die äussere Form des Konzepts

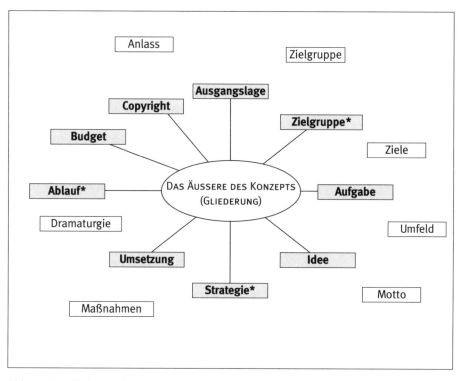

Abb. 16: Die Gliederung des Konzepts

Die Aufgabe (Ziele)

Hier beschreiben Sie die gestellte Aufgabe und die zu erreichenden Ziele. Seien Sie besonders sorgfältig, denn an diesen Formulierungen werden Sie später gemessen werden. Zögern Sie deshalb nicht, bei Unklarheiten nachzufragen.

An den hier formulierten Aussagen werden später Erfolg oder Misserfolg gemessen

Die Idee (Motto)

Eine gute Idee ist immer einfach und lässt sich in der Regel in aller Knappheit und Kürze beschreiben. Hier lösen Sie auf, wie Sie die Aufgabe erfüllen werden.

Die Strategie *

Mit welcher Kommunikationsstrategie wollen Sie das Ziel erreichen, die definierte Aufgabe erfüllen und die Idee umsetzen?

Das Konzept

Wie soll der spätere Event aussehen?

Die Umsetzung (Massnahmen)

Jetzt ist es an der Zeit genau zu beschreiben, wie der spätere Event aussehen wird. Dazu greifen Sie in die Trickkiste der szenischen und dramatischen Mittel.

Bei einer Ideenskizze können Sie grob und vage bleiben, ein Konzept ist so detailliert wie nötig, so treffend wie möglich. Beschreiben oder visualisieren Sie alle Schritte, von der Gestaltung der Einladung bis zur Beschreibung des Follow-ups nach dem Event, von der dramaturgischen Einteilung des Bühnenprogramms zur live erlebbaren Interaktion.

Lösen Sie durch Ihre Sprache Bilder im Kopf des Lesers oder Zuschauers aus. Unterstützen Sie diese durch Visualisierungen. Ob das nun schnelle Scribbles oder flotte Videos, realistische Modelle oder aufwändig programmierte 3D-Animationen sind, sollte nicht nur vom Budget abhängen, sondern auch von der von Ihnen gewählten Gesamtanmutung des Konzeptes.

Finden Sie eine Konzeptästhetik, die möglichst einmalig ist. Versetzen Sie sich in die Lage der Eventenscheider, die bei der Konzeptpräsentation in der Regel mehrere Agenturen hintereinander erleben. Bei alltäglichen Powerpointcharts und der xten Computeranimation wird es nun mal langweilig.

Wenn Sie durch den Event kontrolliert Emotionen auslösen wollen, sollte Ihnen das schon bei der Präsentation des Konzepts gelingen.

PRAXIS

Pro und Kontra der Visualisierungsmöglichkeiten

Scribbles	+ künstlerischer Charakter − wenig konkret
Videos	+ realistische Anmutung + Tempo durch guten Schnitt − Austauschbarkeit und Beliebigkeit, da ja vom eigentlichen Event noch kein Bildmaterial vorhanden sein kann

Die äussere Form des Konzepts

Modell	+ gleichzeitige räumliche Vorstellung von allen Punkten aus − statisch
3D-Animation	+ bewegte Gänge simulieren das Erlebnis − die Phantasie wird geführt

Ablauf*

Die Dramaturgie beschäftigt sich unter anderem mit der Zeiteinteilung eines Events. Sie können den chronologischen Ablauf und die Aufteilung zusammen mit der Umsetzung behandeln. Aber gerade bei mehrtägigen Events empfiehlt sich ein erster Ablaufplan mit den wesentlichen Veranstaltungsbestandteilen, sodass man sich den Event besser vorstellen kann.

Zeiteinteilung eines Events

Achten Sie auf realistische Zeiteinteilung und hinterfragen Sie alle Angaben wie Transferzeiten etc. Stellen Sie sich den Event in seiner Chronologie, seinen Programmpunkten und möglichen Wegstrecken vor.

Budget

Bisher hatten Sie alle kreativen Freiheiten. Vom Auftraggeber vorgegebene Budgets sollten allerdings nicht überschritten werden. Denn es hilft Ihnen auch die beste Idee nicht, wenn die Realisierung doppelt so teuer ist, wie der Etat es vorsieht. Es kommt im harten Alltag nur ganz selten vor, dass Kunden oder Entscheider in einem solchen Fall die bessere Idee wählen und auf den Etat großzügig aufsatteln.

Lässt sich die Idee mit dem zur Verfügung stehenden Etat realisieren?

Geniale Ideen sind nicht zwangsweise nur mit hohen Kosten umzusetzen. Die Vorstellungen und Ansprüche der Kunden verlaufen aber gelegentlich umgekehrt proportional zum Budget. Um dann trotzdem mehr als Standardleistungen anbieten zu können und Ihre Kreativität doch noch einzubringen, hilft es zusätzliche Leistungen als Optionen anzubieten.

Das Budget sollte so realistisch und detailliert wie möglich kalkuliert sein. Die Entscheider bekommen dagegen eine viel gröbere Darstellung. Es geht dabei nicht etwa darum, Etatpositionen zu verschleiern, sondern in der Realisierungsphase noch ein praktikables Maß an Flexibilität zu bewahren, um bei notwendig werdenden Änderungen Reserven für Umschichtungen zu haben.

COPYRIGHT

An die letzte Stelle des Konzepts gehört der Coypright-Vermerk. Wer ist der Urheber, wer hat die Rechte und zu welchen Bedingungen gehen sie an den Auftraggeber über.

1.5 Die Recherche

Ist die Idee überhaupt umzusetzen?

Um nun aus der Idee ein Konzept zu machen, müssen die einzelnen Aussagen recherchiert werden, sonst bleibt es eine Ideenskizze. Ist die Location zu dem Zeitpunkt überhaupt verfügbar, hat sie die Kapazität etc.? Jeder Aspekt der Ideenskizze wird qualitativ und quantitativ überprüft. Und natürlich sind die Kosten zu ermitteln, Angebote einzuholen. Für ein Konzept sollten möglichst verbindliche Zahlen vorliegen. Denn das Budget kann nur eingehalten werden, wenn die Grundlagen vorher sorgfältig ermittelt wurden. Ärger mit dem internen oder externen Kunden ist ansonsten vorprogrammiert.

Für ein Konzept sollten möglichst verbindliche Zahlen vorliegen

Ideenskizze + Rechercheergebnisse = Konzept

Das Konzept ist im Wesentlichen eine um Rechercheergebnisse erweiterte und konkretisierte Ideenskizze. Ein Konzept ist meist schriftlich abgefasst, ob in Prosa, Stichworten oder mit Visualisierungen, ob mit WORD oder POWERPOINT erstellt, spielt dabei keine direkte Rolle. Es sollte so umfangreich wie nötig, so präzise wie möglich sein. Es kann bereits Visualisierungen enthalten. Aber es muss vor allem den Event für den Leser, der der Entscheider ist, lebendig werden lassen und das Bedürfnis wecken, genau diesen Event auch live erleben zu wollen. In der Regel folgt der schriftlichen Konzeptabgabe eine Präsentation.

1.6 Die Präsentation

Ob man nun mit Folien, Dias, Videos, POWERPOINT-Charts mit Datenprojektor oder mit Kasperlepuppen präsentiert, richtet sich nach dem Konzept. Die Art und Weise der Präsentation

Die Präsentation

muss zum Konzept und zum geplanten Event passen. Man sollte die Entscheider nicht über- aber auch keinesfalls unterfordern. Wichtig ist, dass man eine Atmosphäre schafft, die den „Funken Poesie" des späteren Events überspringen lässt.

Bis hierher ging es um die Pflicht. Aber was macht ein gutes Konzept wirklich aus? Ist das Geschmacksache oder gibt es objektive Kriterien? Der Zielerreichungsgrad ist nicht der alleinige Maßstab.

PRAXIS

Elemente eines guten Konzepts

- souveräne Angemessenheit hinsichtlich Ziel und Zielgruppe, *aber nicht* Opportunismus hinsichtlich der Entscheider,

- grenzenlose Kreativität, *aber nicht* ausufernde Phantasie,

- echte Emotionalität, *aber nicht* aufgesetzte Gefühlsduselei,

- Verantwortung gegenüber Umwelt und Gesellschaft, *aber nicht* hochmütige Ignoranz,

- faire Kommunikation *aber nicht* propagandahafte Verkündigung oder Kaffeefahrt.

Der Event ist und bleibt ein faszinierendes und effektives Kommunikationsmittel, wenn man die „Kommunikation" als Austausch und Begegnung interpretiert und das „Mittel" nicht zum Zweck werden lässt.

2 Kreativität: Wie entstehen Ideen?

Das Genie, das auf einer einsamen Insel als Säugling ausgesetzt wird und dann Bilder malt, Symphonien komponiert oder Romane schreibt, gibt es nicht. Der Mensch ist nicht aus sich selbst heraus kreativ, denn um in einer Disziplin oder Kunst kreativ werden zu können und Spitzenleistungen zu schaffen, bedarf es einer Grundlage. Alles andere ist Illusion.

Kreativität ist nicht angeboren, sondern wird erworben

KREATIVITÄT: WIE ENTSTEHEN IDEEN?

Für den Maler ist diese Grundlage die gesamte Malerei, für den Komponisten die gesamte Musik – und für Eventmanager?

Die „Domäne" eines Eventmanagers ist ein weites Feld

Unsere „Domäne", um einen Begriff des Psychologen Mihaly Csikszentmihalyi („Kreativität, Wie Sie das Unmögliche schaffen und Ihre Grenzen überwinden") zu verwenden, ist ein sehr weites Feld: Theater und Musik, Film und Medien, Architektur und Design, Tourismus und Landeskunde, Catering und Logistik ... Betriebswirtschaftslehre und Marketing gehören unter anderem auch dazu.

Je selbstsicherer Sie sich innerhalb dieser Domäne bewegen, um so kreativer können Sie sein. Eine gute Allgemeinbildung ist die Basis. Fachwissen können Sie durch Lektüre oder Seminare vertiefen. Vor allem brauchen Sie eine unstillbare und lebenslange Neugierde. Der Apfel hätte, ohne Isaac Newtons Wissen von der Physik der Gravitation, auf dem Kopf des Wissenschaftlers nur eine Beule hinterlassen und keine Inspiration. Ohne Input keine Kreativität.

Für jeden Tag sollten Sie daher „Wissenszeit" einplanen. Dazu reicht eine tägliche bewusste Viertelstunde Feuilletonlektüre oder das gezielte Surfen im Internet. Oder „sparen Sie die Zeit an" und gehen Sie einmal pro Woche ins Konzert, eine Ausstellung, ins Kino oder Theater.

Und reservieren Sie sich auch täglich ein Stück „Mußezeit". Mein Philosophieprofessor empfahl seinen Studenten für mußevolle Spaziergänge die Anschaffung eines Dackels.

Allerdings garantiert auch der trägste Vierbeiner, der einen zur täglichen künstlerischen Auszeit diszipliniert, keine genialen Ideen. Kreativität wird leider viel zu oft mit Intelligenz verwechselt, die im Gegensatz zum Moment der schöpferischen Intuition aber vorhersehbar und planbar ist.

So ist mit großer Wahrscheinlichkeit zu erwarten, dass ein Mensch eines bestimmten Alters mit einem bestimmten IQ und einer bestimmten Vorbildung in der Lage ist, eine Gleichung mit X Unbekannten in einer definierten Zeit Y zu lösen.

Für den Zeitpunkt der Inspiration lässt sich kein Termin machen

Doch die wichtigsten Prozesse der Kreativität finden im Unterbewusstsein statt. Für den Zeitpunkt der Inspiration lässt sich also kein Termin machen.

2.1 Wer ist überhaupt kreativ?

Kreativität ist ein Phänomen, das nicht nur den Schaffenden allein betrifft. Da ist, wie bereits angemerkt, die Domäne. Allgemein- und Fachwissen sind die Basis. Projektbezogen müssen Sie sich aber zusätzlich mit spezifischem Wissen schlau machen: Wer ist der Kunde, was ist sein Produkt, wie ist seine Kommunikation? Die Klärung dieser Fragen erfolgt in der Briefingphase.

In der Kunst hat der Kritiker eine höchst wichtige Aufgabe. Csikszentmihalyi verwendet hierfür den Begriff des „Feldes". Das „Eventfeld" sind die Kollegen aus der Agentur oder Abteilung, die Idee und Konzept in einer ersten Kritikphase testen. Dann gehört der Kunde dazu, der sich für oder gegen den Entwurf entscheidet. Am Schluss steht das Publikum, dessen Reaktion über Erfolg und Gelingen entscheidet.

Kreativität vollzieht sich nicht im luftleeren Raum, sondern ist im Falle von Events projektbezogen

Kein Kunstwerk entsteht in einem einzigen schwungvollen Ansatz. Viele Zwischenschritte sind notwendig. Nutzen Sie diese, um Ihre Ideen und Einfälle bei Kollegen oder Freunden zu testen. Kritik und Selbstkritik gehören zum kreativen Prozess. Schließlich müssen Sie sich nicht nur selbst begeistern, sondern Ihren Auftraggeber und die späteren Teilnehmer des Events.

Letztendlich kommt es immer auch auf den musischen Menschen an, auf Sie selbst. Die genetische Vorbestimmung und das Talent sind nur ein, wenn auch wichtiger Teil.

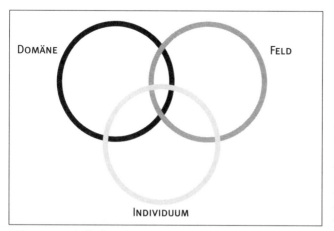

Abb. 17: Innerhalb dieser Bezugskreise entsteht Kreativität

Kreativität: Wie entstehen Ideen?

der Künstler als multiple Persönlichkeit

Ein Künstler ist eine erstaunlich multiple Persönlichkeit. Er ist
- der Spion, der neugierig ist,
- der Marathonläufer, der Ausdauer zeigt,
- der Optimist, der Erfolgszuversicht hat,
- der Freiheitskämpfer, der unabhängig ist,
- der Egoist, der sich durchsetzt,
- der Rebell, der Konventionen in Frage stellt und
- nicht zuletzt auch der Masochist, der Frustrationsstärke beweist.

ABER OHNE AUSBILDUNG, WISSEN, ÜBUNG UND ERFAHRUNG GIBT ES KEINE KREATIVE HOCHLEISTUNG.

Kreative Menschen verfügen über verschiedene Eigenschaften, die sich zum Teil trainieren lassen oder durch Kreativitätsmethoden gefördert werden können.

Eigenschaften kreativer Menschen

- FLÜSSIGES DENKEN
  Zu einem Problem möglichst viele Lösungen produzieren. Methoden: Brainstorming, Mind-Mapping, Morphologischer Kasten.

- FLEXIBILITÄT
  Eine Sache von verschiedenen Seiten betrachten.

- ORIGINALITÄT
  Ungewöhnliche, überraschende Ideen generieren. Methoden: Osborne-Methode, Reizwort.

- ELABORATION/AUSARBEITUNG
  Sich in eine Sache, ein Problem vertiefen können und Durchhaltevermögen.

- PROBLEMSENSIBILITÄT
  Kritisches Bewusstsein. Der Blick für das Wesentliche.

- PHANTASIE
  Vorstellungsvermögen und Träume.

WIE FUNKTIONIERT DER KREATIVE EVENTPROZESS?

2.2 Wie funktioniert der kreative Eventprozess?

Stellen Sie sich den kreativen Prozess als eine Expedition vor. Talent ist als einzige Eigenschaft nicht beeinflussbar. Doch mit Talent allein überlebt niemand. Übung verschafft Vertrautheit. Eine gute Ausrüstung bietet Sicherheit. Wissen und Erfahrung ermöglichen Risikobereitschaft. Vorbereitung ist also das A und O einer Expedition und des kreativen Prozesses.

Die Stufen des kreativen Prozesses sind:
- AUFTRAG
- SAMMLUNG
- BRÜTEN
- INSPIRATION/IDEE
- ERSTE ÜBERPRÜFUNG DER IDEE
- AUSARBEITUNG
- LAUFENDE ÜBERPRÜFUNG

Stufen des kreativen Prozesses

2.2.1 Auftrag

Das Schaffen eines Konzepts ist ein kreativer Prozess, der sich nicht vom Malen eines Bildes oder Finden einer wissenschaftlichen Lösung unterscheidet. Beim Künstler ist es manchmal nur ein inneres Anliegen, oft genug in der Geschichte, wie bei Rembrandts „Nachtwache", ein schlichter Auftrag.

Für den Eventmanager steht am Anfang das Briefing: Ein Konzept für eine Tagung für 1.200 europäische Autohändler in Barcelona, eine Motivationsveranstaltung für 200 Pharmareferenten oder die Vorstellung eines neuen Produkts auf einem Messestand der CeBIT.

Für den Eventmanager steht am Anfang das Briefing

2.2.2 Sammlung

Dann beginnt die Sammelphase. Das Briefing bietet erste und wichtige Informationen, die ergänzt werden müssen. Recherche konkretisiert die Informationen. Vielleicht sind Marktforschungsdaten wichtig. Oder Informationen zu Künstlern oder Locations. Wenn Sie nun auch aus Wissen und Erfahrung sammeln können, haben Sie es in dieser Phase leichter.

Kreativität: Wie entstehen Ideen?

2.2.3 Brüten

Was Sie rational tun konnten, ist getan. Aber noch ist das Papier weiß, der Bildschirm leer. In dieser neuen Phase des kreativen „Brütens" hilft Ihnen niemand und nichts, denn dieser Teil des Prozesses verläuft im Unterbewusstsein. Also gehen Sie ruhig mit dem Dackel spazieren.

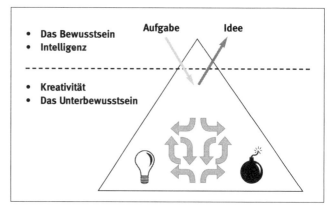

Abb. 18: Das Zustandekommen von Inspiration

2.2.4 Inspiration

Das Aha-Erlebnis, die Inspiration, die Idee kommt ganz plötzlich, meistens in vollkommen alltäglichen Situationen wie Duschen, Sport treiben, Spazierengehen. Vertraute Umgebungen und Situationen können helfen. Verkrampftes Nachdenken oder völlige Ablenkung sind jedoch kontrakreativ.

In Teams fällt es oft leichter, Ideen zu generieren

In Teams fällt es oft leichter Ideen zu generieren, da die kreative Arbeit auf mehrere Schultern verteilt werden kann. Stellen Sie die Gruppen so zusammen, dass möglichst unterschiedliche Charaktere und Qualitäten zusammenkommen und bestimmte Aufgaben verteilt werden.

TEAMZUSAMMENSETZUNG
- Die Domäne = *die Fachleute*
- Die Sammler und Jäger = *die Projektleute*
- Die Inspiration = *die „Spinner"*
- Das Feld = *die Kritiker*
- Die Ausarbeitung = *die Helfer*

Wie funktioniert der kreative Eventprozess?

Kreativität vollzieht sich größtenteils unbewusst und ohne Garantie auf eine Lösung. Ideen werden weder hergestellt noch auf der Straße gefunden. Deshalb glaube ich nicht an die Begriffe „Kreativitätstechnik" und „Ideenfindung". Ideen entstehen vielmehr in einem mehrstufigen Prozess. Mir scheint der Begriff der „Methode" passender. Ich nenne dies Ideengenerierung.

Kreativitätsmethoden
Es gibt unzählige Literatur zu den unterschiedlichsten Kreativitätsmethoden. Bei mir stapeln sich die Bücher zu dem Thema. Nicht jede Methode ist aber für jede Phase des kreativen Prozesses gleich gut geeignet. Bestimmte Methoden sind in bestimmten Phasen des kreativen Eventprozesses besonders hilfreich, in anderen dagegen bringen sie wenig.

Brainstorming, Morphologischer Kasten oder Mind-Mapping sind sehr nützliche Methoden, wenn es darum geht, möglichst viele Lösungen zu produzieren: also das so genannte „flüssige Denken" zu fördern. Um besondere oder ausgefallene Ideen zu generieren, eignet sich dagegen die Osborne-Methode, denn Originalität ist ebenfalls ein wichtiges Kriterium für Kreativität.

Das Brainstorming

Das Brainstorming hilft möglichst viele Anregungen und Einfälle in kürzester Zeit zu suchen und ist deshalb besonders für die Phase der Inspiration geeignet. Es funktioniert effektiv, wenn einige wenige zentrale Regeln eingehalten werden. Sie können übrigens auch ganz alleine brainstormen. Der Gruppenprozess hilft freilich nicht nur mengenmäßig, Blockaden werden im Team oftmals einfacher überwunden.

viele Anregungen und Einfälle in kürzester Zeit

Die wichtigsten Regeln für das Brainstorming:
- Ungestörtheit ist die unbedingte Voraussetzung für ein Brainstorming. Der Raum sollte angenehm und leise sein. Stellen Sie die Telefone im Raum ab, schalten Sie die Handys aus. Lassen Sie keine äußerlichen Unterbrechungen zu. Für eine halbe Stunde ist jeder Mensch entbehrlich. Verlangen Sie von den Teilnehmern volle Konzentration.
- Bestimmen Sie einen Moderator, der die Einfälle auch an einem Flipchart oder besser noch mit Moderationskarten

Kreativität: Wie entstehen Ideen?

und Nadeln an einer Pinnwand dokumentiert, die sich später einfach sortieren lassen. Geben Sie kurz die notwendigen Informationen an alle weiter, sodass ein einheitlicher Wissensstand besteht.

Eine klare Aufgabenstellung ergibt klare Resultate
- Grenzen Sie die Aufgabe ein, denn eine komplexe Aufgabenstellung lässt sich mit einem Brainstorming alleine nicht lösen. Eine klare Aufgabenstellung ergibt klare Resultate: *„Wir suchen die Dachidee für das Konzept X"* oder *„Wir brauchen eine Showidee für die Produkteinführung von Y"* oder *„Wir suchen ein Motto für den Kick-Off von Z"*.
- Sechs bis acht Teilnehmer sind für ein Brainstorming optimal. Wählen Sie den Kreis der Brainstormer sorgfältig aus: Wer kann etwas dazu beitragen, weil er ausgefallene Ideen hat, weil er viel über den Kunden oder seine Produkte weiß oder weil er Erfahrung hat?
- Begrenzen Sie die Dauer auf maximal 30 bis 45 Minuten, denn dann kommt kein neuer Einfall mehr hinzu und Sie beginnen sich im Kreis zu drehen.

Einfälle zunächst weder kommentieren noch bewerten
- Um den kreativen Fluss nicht zu bremsen, werden alle Einfälle zunächst unkommentiert und unbewertet gesammelt. Ganz wichtig ist es, dass die Diskussion erst im zweiten Schritt stattfindet. Hier ist ein Moderator mit eiserner Hand notwendig.

Kreativitätskiller

Die reinsten Kreativitätskiller für ein Brainstorming sind:

- uninformierte Teilnehmer
- unklare Ausgangssituation
- Kritik
- Zwischendiskussionen
- Mangel an Konzentration
- zu lange Dauer
- zu viele Teilnehmer

2.2.5 Erste Überprüfung

Wenn das Brainstorming zu Ende ist, beginnt die erste Überprüfungsphase. Was sagen Verstand und Gefühl? Passen die Einfälle und Ideen oder sind sie zu abwegig, zu teuer oder unpassend?

Jetzt bewährt sich die Pinnwandtechnik, denn Sie können Karten gruppieren, sortieren, entfernen oder ergänzen. Und wenn Sie etwas Glück haben, dann ist mindestens eine weiterentwickelbare Idee darunter.

Wie funktioniert der kreative Eventprozess?

Als Methode für die Phase der ersten Überprüfung bietet sich der Morphologische Kasten an:

Morphologischer Kasten

Gerade bei der Bewertung, Auswahl und Kombination mehrerer Ideen oder Einfälle ist eine weitere Kreativitätsmethode hilfreich: der Morphologische Kasten.

Sie können ihn schon zum Brainstorming benutzen, aber auch erst bei der anschließenden Auswahl der gesammelten Einfälle. In der linken Spalte einer Tabelle werden die Fragestellungen oder Aufgaben definiert. In den Zeilen sammeln Sie dann die Einfälle zur Problemlösung.

Beispiel: Motivationsveranstaltung OXO-Versicherung

1. Schritt

MOTTO				
IDEE				
LOCATION				
CATERING				
REISE				

2. Schritt

In der Waagrechten werden nun mögliche Lösungen frei im kreativen Fluss jeweils zur Fragestellung eingetragen.

MOTTO	Alles wird gut!	Vorwärts!	Der Erfolg zählt!	Sicher helfen!
IDEE	Agentenstory	Crashtest	Hamlet	Banküberfall
LOCATION	Gefängnis	Kongresszentrum	Hotel	Teststrecke
CATERING	Gourmet	Gesund & Bio	Selber kochen	Bürgerlich
REISE	Eigene Autos	Flugzeug	Bus	Zug

3. Schritt

Zum Schluss kann ich auf einen Blick mögliche Kombinationen sehen und damit einen oder mehrere Lösungswege in der Matrix verfolgen.

KREATIVITÄT: WIE ENTSTEHEN IDEEN?

Motto	Alles wird gut!	Vorwärts!	Der Erfolg zählt!	Sicher helfen!
Idee	Agentenstory	**Crashtest**	Hamlet	Banküberfall
Location	Gefängnis	Kongresszentrum	Hotel	**Teststrecke**
Catering	Gourmet	Gesund & Bio	**Selber kochen**	Bürgerlich
Reise	**Eigene Autos**	Flugzeug	Bus	Zug

Das Mind-Mapping

Ideenlandkarte

Meine Lieblingsmethode ist das Mind-Mapping, das ebenfalls gleich für zwei Phasen des kreativen Prozesses geeignet ist: für das Brainstorming und für die erste Überprüfung. Die gleichen Fragestellungen wie im Morphologischen Kasten kann ich auch als Landkarte anlegen (siehe auch Abb. 15 „Das Innere des Konzepts").

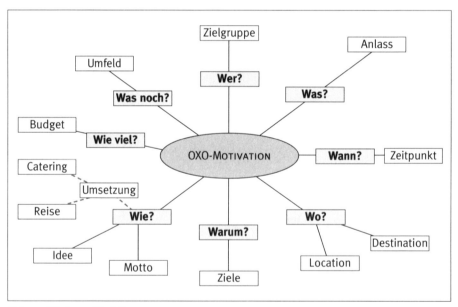

Abb. 19: Die leere Mind-Map

Man sieht auf den ersten Blick, dass Mind-Maps auch komplexe Informationen aufnehmen und wiedergeben können. Der Vorteil dieser Methode ist, dass ich mich nicht geistig im starren Kästchensystem bewegen oder Ideen Punkt für Punkt chronologisch abhandeln muss.

Wie funktioniert der kreative Eventprozess?

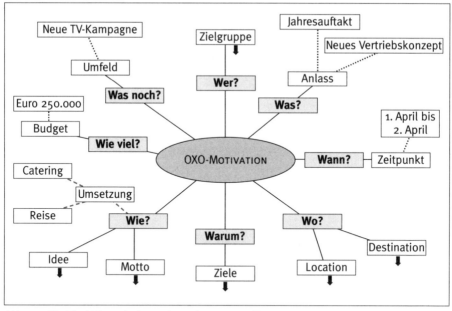

Abb. 20: Die Mind-Map mit den zu lösenden Fragestellungen

Ich kann vielmehr assoziativ mit den Gedanken „springen". Während mir beispielsweise als Idee der Crahstest einfällt, denke ich an eine Teststrecke als Location, trage diesen assoziativen Einfall in die Map und nichts geht verloren oder wird vergessen.

Allerdings muss man sich an den Stil und das Prinzip der Darstellung gewöhnen. Bevor Sie also die Übersicht verlieren, sollten Sie die Mind-Map aufteilen, sodass die starken Äste getrennt weiterentwickelt werden.

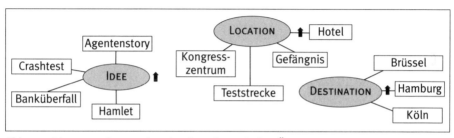

Abb. 21a: Ideensammlung zu den einzelnen thematischen Ästen

KREATIVITÄT: WIE ENTSTEHEN IDEEN?

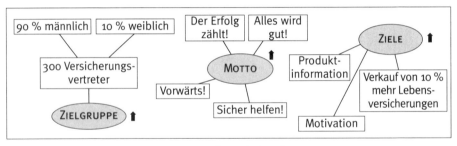

Abb. 21b: Ideensammlung zu den einzelnen thematischen Ästen

Mit einfachen Symbolen oder Markierungen können Sie nun die Lösungen herausstellen.

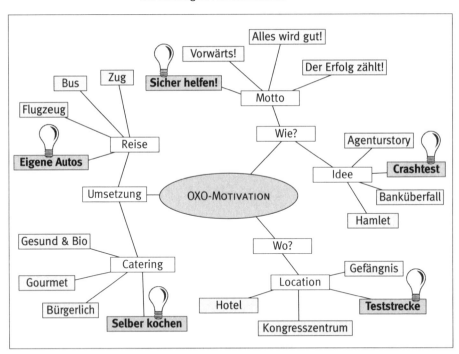

Abb. 21c: Die sortierte Mind-Map mit den jeweiligen Lösungspräferenzen

Was mache ich aber, wenn ich schon 50 Konzepte für Versicherungsevents entwickelt habe und mir nun wirklich nichts Neues mehr einfällt?

WIE FUNKTIONIERT DER KREATIVE EVENTPROZESS?

Da helfen mir dann die Methoden, welche die Flüssigkeit des Denkens anregen, also möglichst viele Gedanken produzieren, wie Brainstorming, Morphologischer Kasten oder Mind-Map nicht mehr weiter.

Die Osborne-Methode

Der Werbefachmann Alexander F. Osborne hat in den 50er-Jahren nicht nur das Brainstorming, sondern auch die nach ihm benannte Methode zur Originalität entwickelt.

Die Osborne-Methode
Produkte, Inhalte, Konzepte, Lösungen, Strategien etc.
- ANDERS VERWENDEN,
- ADAPTIEREN,
- MODIFIZIEREN,
- VERGRÖSSERN UND VERKLEINERN,
- ERSETZEN,
- UMKEHREN,
- NEU ANORDNEN,
- KOMBINIEREN.

Inhalte und Konzepte verfremden und verfälschen

Diese acht Punkte scheinen auf den ersten Blick trivial. Und kann ich das Vergrößern/Verkleinern denn auf einen Event anwenden?

Die nähere Beschäftigung lohnt sich, denn mithilfe der Osborne-Methode können Sie außergewöhnliche Lösungen finden.

- ANDERS VERWENDEN

Klassisches Beispiel sind die Post-It-Klebezettel. Sie wurden im Rahmen der Suche nach einem neuen Klebstoff gefunden. Ein Forschungsergebnis war negativ, denn der Klebstoff klebte nicht dauerhaft. Dann kam jemand auf die Idee, gelbe Notizzettel damit zu bestreichen ... deren Nutzwert ja eben gerade darin besteht, *nicht* dauerhaft zu kleben.

In Bezug auf Events kann das bedeuten, eine Kirche als Gala-Location zu verwenden oder die Teilnehmer mit Tretrollern auszustatten, statt Shuttlefahrzeuge auf dem Eventgelände einzusetzen ...

KREATIVITÄT: WIE ENTSTEHEN IDEEN?

- ADAPTIEREN

Klevere Forscher fanden heraus, dass die Oberflächenbeschaffenheit von Lotusblättern verhindert, dass Schmutzpartikel daran haften bleiben. Diesen „Lotuseffekt" banden sie in die Oberflächenstruktur von Fassadenfarbe ein. Jeder Regen reinigt nun selbsttätig die mit dieser Farbe behandelte Fassade. Machen Sie aus dem Buffet ein Stillleben. Lassen Sie die Tagung im Handlungsrahmen, in den Kostümen, mit den Akteuren und in der Kulisse einer Macbeth-Aufführung stattfinden ...

- MODIFIZIEREN

Die Kubisten veränderten die Formen, die Expressionisten auch die Farben in ihren Bildern. Lassen Sie Ihren Workshop nicht im Kongresszentrum stattfinden, versetzen Sie ihn ins Kunstmuseum. Vermitteln Sie die Inhalte nicht durch projizierte Videos, sondern durch einen Geschichtenerzähler. Das Catering präsentiert Kanapees in den Unternehmensfarben ...

- VERGRÖSSERN UND VERKLEINERN

Bauen Sie eine überdimensionale Kulisse. Oder lassen Sie durch clevere Deko die Teilnehmer wie Riesen wirken ...

- ERSETZEN

Ein klassisches Beispiel ist die Sonnenenergie, die Kohlekraftwerke ersetzt.

Lassen Sie langweilige Reden weg und ersetzen Sie sie durch spannende Theaterszenen oder flott geschnittene Videos ...

- UMKEHREN

Machen Sie es wie der Maler Georg Baselitz, der seine Porträts kopfunter hängt und stellen Sie die Dinge auf den Kopf. Der Arbeiter aus der Fertigung hält die Auftaktrede. Ein Video ist zu sehen, das statt seiner den Vorstandsvorsitzenden an der Maschine zeigt. Die Vorgesetzten aus dem Vertriebsmanagement bedienen die erfolgreichen Verkäufer. Fangen Sie mit dem Finale an. Setzen Sie negativen Stimmungen positive Aspekte entgegen ...

- NEU ANORDNEN

Lassen Sie die Konventionen sein und verändern Sie aktiv. Würfeln Sie die Reihenfolge des üblichen Programmablaufs

Wie funktioniert der kreative Eventprozess?

durcheinander. Lassen Sie die Autohändler zuerst die neuen Fahrzeuge auf der Straße buchstäblich „er-fahren" und dann authentisch über ihre Erfahrungen berichten, anstatt ihnen, wie sonst üblich, vom Rednerpult und mit getanzten Produktvorteilen alle Neuerungen langatmig zu referieren, bevor sie die Autos dann selbst erleben dürfen.

- Kombinieren

Der Künstler Max Ernst schnitt aus alten Grafiken Dinge und Elemente aus und kombinierte sie neu zu surrealistischen Collagen. Marketing-Events sind mit ihrer Kombination aus Information und Emotion, von Inhalten und Entertainment ein sehr passendes Beispiel für diese letzte Osborne-Regel. Aber das ist nicht mehr neu.

Abb. 22: Poetische Theaterperformance als Marketing-Event (THEARTCORE)

Kombinieren Sie verschiedene Medien. Machen Sie aus dem Messeauftritt eine ganze Eventkampagne mit täglich verschiedenen Veranstaltungen für unterschiedliche Zielgruppen auf dem Messestand. Kombinieren Sie eine attraktive Des-

KREATIVITÄT: WIE ENTSTEHEN IDEEN?

tination und ein furioses Programm mit einem trockenen Thema.

Kombinieren Sie live und „unplugged" vorgetragene Gedichte von Garcia Lorca mit Tanz in der Architektur von Antonio Gaudí und VIPs aus der Chemiebranche ...

2.2.6 Die Ausarbeitung

10 Prozent Inspiration
90 Prozent Transpiration

Die Inspiration und die Ideengenerierung machen gerade einmal 10 Prozent des kreativen Prozesses aus. Die restlichen 90 Prozent bestehen – frei nach dem Philosophen Helvetius – aus Transpiration! Das bedeutet Ausarbeitung, Ausformulieren, Recherchieren, Visualisieren, Kalkulieren und in Form bringen des Konzepts und natürlich die Realisierung.

EINE STIMMIGE IDEE ZAHLT SICH AUS. DENN VON DIESER KÖNNEN ALLE MASSNAHMEN KONSEQUENT ABGELEITET WERDEN.

2.2.7 Die laufende Überpüfung

Zum kreativen Prozess gehört die ständige Überprüfung. Dabei reicht es nicht aus, sich auf das kreative Feld zu verlassen. Selbstkritik ist ebenso wichtig, schließlich können Sie

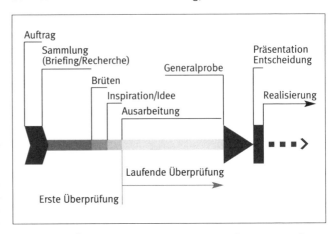

Abb. 23: Die Überprüfung ist als Kreativ-Controlling ein ständiger Prozess

Das „Wie" von Dramaturgie und Inszenierung

nicht für jede Formulierung oder jeden Detaileinfall Freunde oder Kollegen bemühen.
Dabei sollten Sie aber keinesfalls bis zur Präsentation warten. Planen Sie rechtzeitige Diskussionen Ihrer Idee und der Ausarbeitung ein. Machen Sie vor der eigentlichen Präsentation eine Generalprobe, die genug zeitlichen Spielraum lässt, noch Änderungen vorzunehmen.
Die Überprüfung steht also nicht wie eine Zensur am Ende Ihrer kreativen Mühen, sondern ist als Kreativ-Controlling ein ständiger Prozess (siehe Abb. 23).

3 Das „Wie" von Dramaturgie und Inszenierung

Dramaturgie und Inszenierung konkretisieren die Idee, geben ihr eine Struktur und eine Form. Sie sind noch Teil der Konzeptphase, denn hier finden sich die ersten Aussagen zu Ablauf oder Programm. Und sie sind schon Teil der Umsetzung, da es um handfeste Festlegungen wie Bühnenbild oder Lichtdesign geht.

Struktur und Form für die Idee

Theater hat Zeit. Die Dramaturgie eines Stückes kann im Laufe eines Probenprozesses in Frage gestellt, geändert oder verworfen werden. Schauspieler können sich schrittweise an die szenischen Mittel gewöhnen, mit ihnen spielen, sie ausprobieren.
Beim Marketing-Event gibt es zwar attraktive Budgets, von denen Theatermacher manchmal nur träumen können, dafür aber selten genug Zeit. Keine angemietete Location oder Technik samt Technikern steht wie ein Schauspielhaus ständig mit seinem Personal und seiner Infrastruktur zur Verfügung. Umso wichtiger ist die Beschäftigung mit den Möglichkeiten von Dramaturgie und Inszenierung, da selbst früh erkannte Fehler kaum noch wettgemacht werden können.

Dramaturgie beschäftigt sich mit der Struktur, der abstrakten Form, mit Bauformen, Handlung, Motiven, Figuren, Spannung und Entwicklung. Inszenierung ist die konkrete Form und umfasst die szenischen Mittel wie Protagonisten, Darstellungsart, Bühne und Raum, Veranstaltungstechnik oder Medien.

Das „Wie" von Dramaturgie und Inszenierung

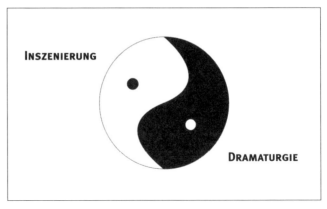

Abb. 24: Die Ebenen von Dramaturgie und Inszenierung

3.1 Die Dramaturgie

Wie oft haben Sie sich schon bei einem Event gelangweilt? Gab es vorhersehbare Wendungen, sich endlos ziehende Beiträge oder holprige Überleitungen? Dramaturgie betrifft die zwei Ebenen eines Theaterstücks ebenso wie die eines Events: die äußere und innere Bauform.

3.1.1 Die äußere Bauform

Erst Fixpunkte und Struktur machen eine Veranstaltung zum Event

Ein Klumpen Ton ist nur dann mehr als ein Klumpen Ton, wenn ein Künstler ihm eine Form gibt. Die kann konkret und figural, aber auch abstrakt oder amorph sein. Und so ist es auch beim Event. Erst Fixpunkte und Struktur machen eine Veranstaltung zum Event.

Offene Form

Einzelne wechselnde Acts werden in einem thematischen Spannungsbogen zusammengehalten

Es gibt die offene Form, die Sie häufig bei Marektingevents vorfinden, wie etwa die Nummerndramaturgie. Einzelne Acts wechseln sich wie beim Varieté ab und werden nur durch ein allgemeines Thema und mehr oder weniger geschickte Überleitungen in einem Spannungsbogen zusammengehalten.

BEISPIEL FÜR EINE NUMMERNDRAMATURGIE
(Produkteinführung)
1. Begrüßung durch die Geschäftsführerin
2. Anmoderation

Die Dramaturgie

3. Einstimmungsvideo
4. Moderation
5. Statement des Produktmanagers
6. Produktvideo
7. Moderation
8. Statement des Marketingmanagers
9. Showact Produktvorteile
10. Moderation
11. Statement der Vertriebsleiterin
12. Imagevideo
13. Talkrunde mit allen Beteiligten
14. Finale mit Showact
15. Anschließende Party

Geschlossene Form

Die geschlossene Form bedient sich der Einteilung in Akte oder Aufzüge. Das sind größere Abschnitte, die Zäsuren im Ablauf eines Geschehens setzen.

Einteilung in Akte oder Aufzüge

Beispiel für Einteilung in Akte
(Jubiläumsveranstaltung)
1. Akt   *Vergangenheit*
2. Akt   *Gegenwart*
3. Akt   *Zukunft*

Egal ob Sie sich für eine Nummerndramaturgie oder den Jubiläumsdreiakter entscheiden, Sie müssen gekonnt mit der Zeit umgehen, damit keine Langeweile entsteht. Versuchen Sie sich klar zu machen, welche Dauer jeder einzelne Programmpunkt benötigt, um seinen Inhalt zu vermitteln und die gewünschte Wirkung zu erzielen.

Was verhält sich wie zu wem?

Die einzelnen Beiträge müssen ausgewogen aufeinander abgestimmt sein, sonst besteht die Gefahr, dass beispielsweise eine aufwändig erzeugte Emotion wirkungslos verpufft oder sich Effekte gegenseitig aufheben.

Die einzelnen Beiträge müssen ausgewogen aufeinander abgestimmt sein

Insbesondere zu bedenken ist
- die Länge der einzelnen Beiträge an sich und im Verhältnis zueinander,

Das „Wie" von Dramaturgie und Inszenierung

- Intensität und Spannung in sich und im Vergleich zu den anderen Programmpunkten,
- Tempo und Rhythmus an sich und im Gesamten.

Die Zeit

Das Zeitempfinden des Publikums ist beeinflussbar

Ein Event hat zwei Zeitebenen. Die objektive Zeit ist die reale Veranstaltungsdauer. Allein die subjektive Zeit, also das Zeitempfinden des Publikums, ist beeinflussbar.

Mit dem Zeitraffer können Sie Ihr Publikum die 150 Jahre einer Unternehmensgeschichte in einer einzigen kurzweiligen Stunde erleben lassen. Aber auch die Zeitlupe ist interessant. Gerade in der Industrie gibt es Prozesse, die extrem wichtig sind, aber nur Sekunden oder Bruchteile dauern. Nicht nur filmisch, sondern auch live lässt sich die Zeit so verzögern, dass ein noch so schneller und komplizierter Prozess in einer Performance nachvollziehbar wird.

Die Dynamik

Spannung lebt von Gegensatz und Abwechslung

Noch etwas ist für das Erzeugen von Spannung unabdingbar: die Dynamik. Wenn eine Achterbahnfahrt nicht aufhört, wird sie zum Horror. Und so ist es auch mit der Spannung. Gerade durch den Gegensatz von Spannung und Entspannung, von laut und leise, fragil und heftig, wenig und viel lässt sich Spannung erst erzeugen.

Der Filmproduzent Jack Warner gab Drehbuchautoren den klugen Tipp, ihren Film mit einem Erdbeben anzufangen und sich dann langsam zu steigern. Den Hinweis sollten Sie aber nicht missverstehen. Geben Sie Ihrem Publikum die Gelegenheit sich von großen Effekten zu erholen und diese zu verarbeiten. Schaffen Sie einen Rhythmus von wiederkehrender Anspannung und Entspannung, der sich während des Events dynamisch steigert.

Auch die Pause ist Teil des Rhythmus

Die Pause ist nicht nur die Abwesenheit von Programm, weil szenische Umbauten das beispielsweise erzwingen, sondern sie ist Teil des Rhythmus. Ob in den Überleitungen einer Nummerndramaturgie oder als Pause zwischen den Akten, wenn sie Handlungsstränge oder Themenblöcke trennt.

DIE DRAMATURGIE

3.1.2 Die innere Bauform

Das Thema Spannung begleitet uns auch beim zweiten Aspekt der Dramaturgie. Der Literaturkritiker Marcel Reich-Ranicki findet Bücher dann ergötzlich, wenn sie eine Entwicklung haben, wenn sich also etwas verändert. Das kann über den äußeren Handlungsverlauf geschehen, aber auch über die innerliche Veränderung von Figuren. Also erzählen Sie bei Ihrem nächsten Event eine Geschichte und etablieren Sie dazu passende Figuren.

Dazu brauchen Sie nur wenige dramaturgische Zutaten. *die wichtigsten*
- Wer?   *oder*   die Figuren *dramaturgischen*
- Warum? *oder*   die Motive der Figuren *Zutaten*
- Was?   *oder*   die Handlung der Geschichte
- Wie?   *oder*   die Entwicklung der Figuren und Handlung

Machen Sie Ihre Auftakttagung zum Beispiel zur Entdeckungsreise, die Akteure zu den entsprechenden Figuren, den Vorstandsvorsitzenden zu Kolumbus, die Mitarbeiter zur Schiffsbesatzung und die Kunden zu Indianern, die es zu entdecken gilt. *Erzählen Sie eine Geschichte*
- Was sind die Motive der Mitarbeiter, erfolgreich zu verkaufen?
- Warum kaufen die Kunden und wie kaufen sie mehr?
- Kann man das mit der Analogie unterhaltend erzählen?

Besseres Verständnis von Kunden macht die Mitarbeiter erfolgreich. Also rotten Sie diesmal die Indianer nicht aus, sondern versuchen Sie die friedliche wie erfolgreiche Koexistenz. So trivial das Beispiel auf den ersten Blick scheint, so einfach ist es möglich, mit einem Marketing-Event eine Geschichte zu erzählen und eine nachhaltige Wirkung zu erzielen.

3.1.3 Die klassische Dramaturgie

Theater ist eine seit Jahrtausenden entwickelte und bewährte Kunstform. In der klassischen Dramaturgie liegt ein Erfahrungsschatz und Kenntnisreichtum, aus dem Sie schöpfen können. *von den Klassikern lernen*

Die Dramaturgie eines Marketing-Events besteht oft aus der Einstimmung, führt schnell auf einen Höhepunkt zu und dann wird auch schon gefeiert. Es ist wie beim Essen. Wenn

Das „Wie" von Dramaturgie und Inszenierung

man gehörig Appetit entwickelt hat, kann es schön sein, schnell satt zu werden. Aber wenn Sie sich noch nach Jahren an ein stilvoll ausgerichtetes Dinner erinnern, das Sie genießerisch zelebriert haben, war das Erlebnis subtiler! Erfolgreiche Filme funktionieren ebenfalls nach diesem Prinzip.

Klassische Dramaturgie

Abfolge der klassischen Dramaturgie

1. Die Einführung/Exposition
2. Steigerung der Verwicklung
3. Höhepunkt
4. Umschwung
5. Lösung (Katastrophe bei der Tragödie)

Ein perfektes Beispiel für diese Abfolge ist beispielsweise der Film „Notting Hill". In der Exposition wird die Ausgangslage durch den Ich-Erzähler und Hauptakteur, den nicht gerade erfolgreichen Buchhändler William Thacker beschrieben. Er begegnet plötzlich dem Filmstar Anna Scott. Beide verlieben sich ineinander, aber das ist, da sie in zwei völlig verschiedenen Welten leben, nicht einfach. Dann kommt es endlich zum Höhepunkt: Beide verbringen die erste Nacht miteinander. Beim Marketing-Event wäre jetzt Schluss.

Im Film trennen sich aber beide wieder. Und die zweite Hälfte beschäftigt sich nun damit, wie sie doch wieder zusammenfinden. Erst nach etlichen Verwicklungen, bei denen die Zuschauer so richtig mitleiden, kommt es zum ersehnten Happyend als Lösung.

Diese Dramaturgie lässt sich nicht immer auf Marektingevents übertragen, aber warum experimentieren Sie nicht mit ihr?

Ein Beispiel

Stellen Sie sich die Einführung eines Fahrzeugs mit neuem Wasserstoffantrieb und Brennstoffzellen vor. Konventionell wäre es, als Exposition die Herausforderung kurz zu schildern: Die Entwicklungsabteilung zeigt im Video ihre Arbeit. Der Vetriebschef hält eine Rede. Dann wird als Höhepunkt das Produkt von Tänzern und Lichteffekten umrahmt in die Halle gefahren. Das kommt Ihnen bekannt vor?

Seien Sie unkonventionell: Experimentieren Sie mit der Dramaturgie

Seien Sie unkonventionell. Erzählen Sie die ganze Entstehungsgeschichte, auch die Probleme. Als Exposition erläutert

Die Dramaturgie

ein Umweltschützer von GREENPEACE die Probleme, die durch herkömmliche Verbrennungsmotoren entstehen. Dann wird ein Video gezeigt, in dem die früheren gescheiterten Ansätze umweltfreundlicherer Motoren gezeigt werden. Dann kommt der Höhepunkt. Der Chefentwickler tritt live auf und zeigt die Konstruktionsskizzen, Computeranimationen und Modelle.

Doch dann weist er auf ein Problem hin. Wie in ein schön designtes Auto die riesige Brennstoffzelle einbauen? Dieser Umschwung wird durch Slapstickszenen verdeutlicht.

Jetzt treten weitere Ingenieure live auf, die in einer Talkrunde das Problem diskutieren und die Problemlösung noch einmal live nachvollziehen. Und dann erst wird zum Finale das neue Fahrzeug hereingefahren.

Durch die ehrliche Darstellung des Problems und seiner Lösung wird die eigentliche Leistung noch bedeutender, der Event spannender. Das Eventziel lässt sich wirksamer und nachhaltiger erreichen. Authentizität wirkt tiefer als Bombast und Kitsch. Es gibt immer mehr Wege der Dramaturgie und Inszenierung, als uns die Konvention träumen lässt.

Authentizität wirkt tiefer als Bombast und Kitsch

3.1.4 Dramaturgische Finessen

Zaubern wie in Hollywood-Filmen mit ihren aufwändigen Tricks können wir nicht, aber auch wir können mit einem Live-Erlebnis *bezaubern*.

In Musik und Literatur finden sich viele Beispiele, wie erzählt werden kann.
- Chronologisch oder umgekehrt chronologisch
- Rahmenhandlung
- Rezitativ und Arie
- Dialektik

Chronologisch oder umgekehrt chronologisch
Für einen Jubiläumsevent bedeutet eine chronologische Erzählreihenfolge: Vergangenheit, Gegenwart und Zukunft des Unternehmens. Für eine Produkteinführung kann das so aussehen: Forschung und Entwicklung des Produktes in der Vergangenheit, seine Einführung in der Gegenwart und seine Zukunft im Markt.

DAS „WIE" VON DRAMATURGIE UND INSZENIERUNG

Kehren Sie den Gang der Ereignisse um und erzeugen so Spannung

Im Rahmen der umgekehrten Chronologie beginnen Sie in einer viel versprechenden Zukunft und gehen dann zurück zu dem Zeitpunkt, an dem alles begonnen hat. Der Vorteil dieser Variante liegt darin, dass Sie die Konvention und die Erwartungshaltung der Teilnehmer durchbrechen. Spannung entsteht, weil sie erfahren wollen, wie das Produkt seine Marktanteile hat gewinnen können.

Rahmenhandlung

Ob Agentenstory, Dreharbeiten zu einem Film oder Entdeckungsreise, Geschichte und Kunst bieten eine Fülle von Inspirationen für mögliche Rahmenhandlungen.

Rezitativ und Arie

In der Oper ist das Rezitativ der Träger der Handlung und die Arie ist Träger der Gefühle. Für einen Marketing-Event bedeutet das: Durchsetzen Sie den thematischen informativen Teil mit emotionalen Einheiten!

Dialektik

Spielen Sie mit gegensätzlichen Elementen

Lassen Sie Meinungen pro und kontra aufeinander pralIen. Fördern Sie die Diskussion. Das erzeugt Spannung. Sie können den Schlagabtausch frei und authentisch oder gesteuert und inszeniert ablaufen lassen. Gewährleisten Sie durch eine kluge Auswahl von inhaltlichen Beiträgen und verbalen Streitern, dass nach These und Antithese am Schluss die Synthese steht und Sie Ihre Kommunikationsziele sicher erreichen.

3.1.5 Ganzheitliche Spannung

Ein Event beginnt nicht erst, wenn sich der Vorhang hebt

Ein Event beginnt nicht erst, wenn sich der Vorhang hebt oder das Publikum die Location betritt. Bauen Sie schon im Vorfeld durch eine Einladungsstrategie Spannung auf. Leiten Sie diese von den Zielen, der Idee und dem Charakter der Veranstaltung ab. Den alles ist Kommunikation!

Nutzen Sie die verschiedenen Möglichkeiten von der flotten E-Mail, über witzige Vorab-Give-aways, konventionell gedruckte Einladungen oder eigens inszenierte Flüsterpropaganda: Was überrascht die potenziellen Teilnehmer auf angenehme Weise? So schaffen Sie eine positive Erwartungshaltung und bereiten eine ideale Atmosphäre für den eigentlichen Event vor.

Die Inszenierung und die szenischen Mittel

Lassen Sie die Spannung auch nach der Veranstaltung nicht abreißen. Follow-ups wie der Versand einer Dokumentation tragen zur nachhaltigen Verankerung Ihrer Botschaft bei Ihrer Zielgruppe bei. Auch hier gilt: Überraschen Sie positiv. Schaffen Sie eine Event-Community auf einer eigens eingerichteten Homepage, auf der die Teilnehmer nicht nur Veranstaltungsfotos zum Download finden, sondern sich durch interaktive Funktionen wie Foren oder Chats immer wieder virtuell treffen können. Und vielleicht sind es auch nur handgeschriebene Ansichtskarten der Destination, mit persönlichen Gruß- oder Dankworten.

Lassen Sie die Spannung auch nach der Veranstaltung nicht abreißen

3.2 Die Inszenierung und die szenischen Mittel

Die Inszenierung verleiht einem Theaterstück oder einem Marketing-Event durch die Gesamtheit der szenischen Mittel die konkrete Form.

die ganz konkrete Form des Events

Die szenischen Mittel von Theater und Event sind identisch. Gutes Theater bietet Ihnen daher immer wichtige Anregungen wie man Licht, Klang oder Projektionen einsetzen kann. Innovationen gingen lange Zeit von den Bühnen aus und wurden bei Events übernommen. Frühe Formen der Projektion und Effekte wie Feuer, Rauch und Wasser gehörten schon zum Repertoire des Barocktheaters, das außerdem eine Unzahl von Effektmaschinen hervorbrachte. Mit dem Aufkommen der Cinematographie fand die Filmprojektion schon früh den Einzug auf die Theaterbühnen.

Frei nach dem Theatermacher Peter Brook sollten Sie aber immer das Hauptaugenmerk auf die Kommunikation, die Ziele und die Menschen richten und sich nicht durch Bühne, Dekoration, Effekte, Scheinwerfer, Musik oder Catering ablenken lassen.

das kommunikative Anliegen nicht aus den Augen verlieren

Wenn auf den nachfolgenden Seiten von Technik als inszenatorischem Mittel die Rede sein wird, so sind jeweils nur die wichtigsten Beispiele für Scheinwerfer, Projektoren etc. kurz erläutert. Das reichhaltige Angebot und der immerwährende technische Fortschritt machen diese Beschränkung notwendig. Falls Sie ihr Wissen in diesen Fachgebieten vertiefen möchten, so wird auf die dort weiterführende Fachliteratur hingewiesen.

Die Technik ändert sich laufend

Das „Wie" von Dramaturgie und Inszenierung

Wie die Dramaturgie, so beginnt auch die Inszenierung des Events schon vor der eigentlichen Veranstaltung mit einer gestalteten und inszenierten Einladungskommunikation und endet nicht mit dem letzten Vorhang, sondern mit der Nachbereitung.

Gesamtinszenierung
- Was ist dem Zweck, dem Unternehmen, der Marke oder der Gesamtsituation angemessen?
- Wie unterstützt sie die Ziele?
- Was kann zur Umsetzung der Idee beitragen?
- Was darf es kosten?
- Was wirkt nachhaltig?

Wer inszeniert?
Beim Theater, Film oder Fernsehen gibt es die entsprechende Ausbildung und Arbeitsteilung von Autoren, Dramaturgen, Regisseuren, Choreografen, Szenografen, Lichtdesignern oder Komponisten. Kein einzelner Mensch kann das alles perfekt beherrschen, aber vom Eventmanager wurde dies lange Zeit erwartet.

Je mehr Sie wissen, umso besser. Aber vor allem müssen Sie die richtigen Leute kennen und diese für ein Projekt zusammenbringen können.

Es gibt einen großen Markt an freiberuflichen Fachleuten, die über ihre Berufsverbände erreichbar sind. Auch in den Fachzeitschriften finden sich regelmäßig Portraits von Lichtdesignern oder Regisseuren.

Die szenischen Mittel, die einem Event seine konkrete Form verleihen, sind:
- Akteure,
- Sprache, Tanz, Musik,
- Bühne, Raum und Ausstattung,
- Bilder und Medien,
- Licht,
- Ton und Soundeffekte,
- Duft,

Die Inszenierung und die szenischen Mittel

- Geschmack,
- Haptische Erlebnisse,
- Aktion.

3.2.1 Die Akteure

Auch wenn immer mehr Projektionen und Medien bei Marketing-Events zum Einsatz kommen, so gilt doch:

Der Träger des Events ist der Mensch: der im Publikum und der auf der Bühne.

Nichts hat eine authentischere Wirkung. Überlegen Sie genau, welcher Akteur Ihre Themen am angemessensten und besten vermitteln kann.

Welcher Akteur kann Ihre Themen am angemessensten und besten vermitteln?

Akteure

- Redner
- Referent
- Moderator
- Schauspieler
- Sänger
- Tänzer

Jeder aus einem Unternehmen kann dabei in eine Rolle schlüpfen. Mangelnde Bühnenerfahrung kann durch Authentizität, durch naive Frische und ein wenig Training wettgemacht werden. Gerade wenn es um heikle Themen geht, sollten Sie glaubwürdige Akteure auf die Bühne holen.

Authentizität und Glaubwürdigkeit

Auf der anderen Seite kann es wichtig sein, dass kritische oder problematische Themen nicht mit den Führungskräften identifiziert werden. Setzen Sie in diesem Fall externe Fachleute wie Unternehmensberater, Wissenschaftler, bekannte Fachleute oder Journalisten als Referenten ein.

Der Moderator spielt gerade bei einer Nummerndramaturgie eine wichtige Rolle. Er ist in ständigem Kontakt mit dem Publikum und muss für gelungene Überleitungen sorgen. Nicht jeder Mensch, der vor einer Kamera gut wirkt, hat auch die Bühnenpräsenz, fünfhundert oder zweitausend Menschen zu fesseln. Da hilft auch die riesigste Großbildübertragung nicht!

Prominenz und Name sollten nicht vorrangig für die Besetzung ausschlaggebend sein, sondern die Kompetenz. Ein Vor-

Kompetenz vor Prominenz

teil von Journalisten ist es, dass sie sich schnell in neue Zusammenhänge und fremde Themen einarbeiten können. Wer keine Ahnung und keinen Bezug zum Thema hat, kann auch nicht, wenn es mal drauf ankommt, gelungen improvisieren.

Moderatoren, die Sie aus Funk und Fernsehen kennen, können Sie sehr schnell über deren Redaktionen erreichen, die Ihnen dann bei der Kontaktvermittlung behilflich sind. Andere fernsehbekannte Gesichter finden Sie über die Produktionsfirmen, Schauspieler und Tänzer über ihre Ensembles oder Agenturen. Wissenschaftler sind über ihre Universitäten und publizierende Fachleute über ihre Verlage zu erreichen. Für Musiker kann die erste Kontaktadresse die Plattenfirma sein.

In der Regel vertritt eine Agentur die Interessen der Akteure. Sie kennen ihre „Pappenheimer", ermöglichen manchmal einen Auftritt durch gute Beziehungen und sie können Ihnen viel Arbeit abnehmen. Damit Sie Ihnen nicht unverhältnismäßig viel Geld abnehmen, sollten Sie darauf achten, nur die Agenturen zu wählen, die den Moderator, Künstler oder Referenten exklusiv vertreten oder sehr nah an ihm dran sind.

Wenn Sie Künstler und auch Sportler, die ihren Wohnsitz im Ausland haben, einsetzen, sind Sie als Veranstalter für die Versteuerung des durch die Gage erworbenen Einkommens zuständig. Der Begriff „Ausländersteuer", den Sie in diesem Zusammenhang vielleicht schon einmal gehört haben, ist hier irreführend, denn entscheidend ist nicht die Staatsbürgerschaft, sondern der überwiegende Wohnsitz.

Buchen Sie also einen Künstler, der zwar einen deutschen Pass hat, seinen Hauptwohnsitz aber im Ausland, für einen Auftritt in Deutschland, ist auch in Deutschland die Steuer fällig.

Die Steuerpflicht wird auf den Veranstalter abgewälzt

Die Steuerpflicht wird auf den Veranstalter abgewälzt und gilt in vielen Ländern, nicht nur in Deutschland, Österreich oder Belgien. Auskunft geben die zuständigen Finanzbehörden. Die Abgabeverfahren und Steuersätze sind sehr unterschiedlich und ändern sich. Es empfiehlt sich von daher erfahrene Steuerberater in diese Problematik einzubeziehen.

Entscheidend für die Steuerpflicht ist, wer laut Künstlervertrag Veranstalter ist. Ist es das Unternehmen selbst, so ist

Die Inszenierung und die szenischen Mittel

es auch in der Pflicht. Ist es die Agentur, dann muss sie versteuern.

Als Agentur sollte man diese nervenaufreibende Arbeit auf jeden Fall dem Kunden abnehmen, selbst wenn das Unternehmen als Vertragspartner im Künstlervertrag auftritt.

3.2.2 Sprache, Tanz, Musik

Ein Marketing-Event besteht nicht nur aus Information und Wortbeitrag, sondern bietet auch Erlebnis. Themen und Inhalte können in Theaterszenen oder Songs verpackt werden, in einzelne Tanzauftritte oder ganze Performances. Sie lassen sich so nicht nur rational und verbal, sondern auf auditive und audiovisuelle Weise auch emotional vermitteln, was die Wirksamkeit erhöht.

> SPRACHE, GESTIK, MIMIK, TANZ, BEWEGUNG UND MUSIK SIND AUSDRUCKSFORMEN, DIE IHRE BOTSCHAFT WIRKUNGSVOLL BEFÖRDERN.

Für die Dramaturgie und Inszenierung ist es wichtig, das Konzept in einem Drehbuch detailliert zu konkretisieren. Die Dramaturgie mit der Chronologie des Events gibt die Struktur und Gliederung für das Drehbuch vor.

das Konzept in einem Drehbuch detailliert konkretisieren

Für jeden Akt oder jede Szene gibt es Regieanweisungen. Beschreiben Sie darin die szenische Ausgangslage, die beteiligten Akteure, das Bühnenbild und die Ausstattung wie Rednerpulte, die Auftritte, die Lichtstimmung, den Ton etc. Fixieren Sie alle Beiträge wie Reden oder Moderationen in Form von Manuskripten. Mediale Einspielungen sollten kurz beschrieben oder visualisiert, das heißt als Skizze oder Ausschnittphoto, dargestellt sein.

Die Stichwort-Präzision von Theater und Film ist nur durch die pedantische Arbeit mit Stück oder Drehbuch möglich. Ein chronologischer Ablaufplan reicht nicht aus.

> GERADE BEI AUFWÄNDIGEN EVENTS IST EIN DREHBUCH FÜR DIE INSZENIERUNG UND DIE ABLAUFREGIE DER VERANSTALTUNG SELBST UNVERZICHTBAR.

Das „Wie" von Dramaturgie und Inszenierung

Textbeiträge
- Dialog und Theaterszenen
- Reden
- Statements
- Diskussionen
- Moderation
- Fernübertragung, medial oder live

Schauspieler agieren unbefangener als Unternehmensangehörige

Reden und Statements müssen direkt und deutlich sein und auf den Punkt kommen. Theaterszenen haben den Vorteil, dass Schauspieler als „Stellvertreter" Sachverhalte wie Probleme, Ängste oder Vorbehalte an- und aussprechen können, wie es keinem Mitarbeiter oder Vorgesetztem möglich ist. Verbreiten Sie die Botschaften im Dialog und eher subtil und da, wo es angemessen ist, mit Witz.

PLATTE PROPAGANDA WIRD SOFORT ALS SOLCHE ERKANNT UND ERZEUGT EINE EMOTIONALE ABWEHRHALTUNG.

Musik
- Ein- und Auslassmusik
- Ouvertüre
- Finale
- Pausenmusik
- Übergänge
- Entertainment oder Botschaften
- Songs oder instrumental
- Live oder medial
- Soundeffekte

Musik wirkt emotional und stark assoziativ. Angenehme Einlassmusik und aufputschende Hymnen als Finale sind sehr wirksame Mittel, Stimmung zu erzeugen und zu manipulieren. Selbst demokratische Parteitage haben ihre Musik ob sozialistisches Liedgut, Bundeslied oder Bayernhymne.

Ob auf Ihrem Event live gesungen oder Film- oder Popmusik von Konserve eingespielt wird, die Urheber der Werke wie Komponisten, Texter, Arrangeure und Musikverleger halten berechtigterweise ihre Hand auf. Damit sie aber überhaupt an ihre Tantiemen gelangen, gibt es die Verwertungs- und Urheberrechtsgesellschaften, die treuhänderisch aktiv sind. Bei ihnen sind im Voraus die Genehmigungen vom Veranstalter oder Nutzer einzuholen. In der Praxis bedeutet das lediglich eine Anmeldung.

Die Inszenierung und die szenischen Mittel

In Deutschland ist sie bei der GEMA, GESELLSCHAFT FÜR MU-
SIKALISCHE AUFFÜHRUNGS- UND MECHANISCHE VERVIELFÄLTI-
GUNGSRECHTE *(www.gema.de)* einzuholen. In Österreich ist
die AKM, STAATLICH GENEHMIGTE GESELLSCHAFT DER AUTOREN,
KOMPONISTEN UND MUSIKVERLEGER REG. GEN.M.B.H. *(www.
akm.co.at)* zuständig. In der Schweiz nimmt die SUISA,
SCHWEIZER GESELLSCHAFT FÜR DIE RECHTE DER URHEBER MUSI-
KALISCHER WERKE *(www.suisa.ch)* die Rechte wahr.

Verwertungs- und Urheberrechtsgesellschaften, die treuhänderisch aktiv sind

*MARKETING-EVENTS SIND IM SINNE DER URHEBERRECHTS-
GESELLSCHAFTEN ÖFFENTLICH. KALKULIEREN SIE DIE JE-
WEILIGEN ABGABEN FRÜHZEITIG IN IHRE BUDGETS EIN,
DENN ES GIBT KAUM AUSNAHMEN ODER SCHLUPFLÖCHER.*

Greifen Sie aber nicht immer nur auf bekannte Songs und Stücke zurück. Natürlich ist eine gekaufte CD billiger als eine exklusive Auftragskomposition. Es macht immer Sinn, den Event auch mit einer eigenen Musik eindeutig und unverwechselbar zu „branden". So ergeben sich im gleichen Atemzug schon sinnvolle Give-aways, nämlich die CD mit der Musik.

Tanz
- Entertainment oder Botschaften
- Überleitungen
- Interpretation von Unternehmen, Marken, Produkten

Tanz ist eine wunderbare Verbindung von Musik und Bewegung. Tanz braucht aber Platz, um wirken zu können. Ist Ihnen das nicht auch schon auf Messen aufgefallen, wenn die Akteure ständig ihren Schwung bremsen müssen, um nicht von der winzigen Bühne des Standes zu fallen?

3.2.3 Bühne, Raum und Ausstattung
Verlassen Sie die Ästhetik der Mattscheibe und Guckkastenbühne. Nutzen Sie den Raum und die gesamte Location.

EVENT IST DIE KUNST DER VIER DIMENSIONEN.

Ob Sie aufwändige und naturalistische Kulissen bauen lassen oder mit Projektionen arbeiten, hängt nicht nur vom Budget,

Das „Wie" von Dramaturgie und Inszenierung

sondern von der Wirkung ab, die Sie durch dieses szenische Mittel erreichen wollen.

Phantasie und gute Ideen ersetzen teure Bauten

Phantasie und gute Ideen ersetzen teure Bauten. Manchmal reicht die vorhandene Architektur einer alten Industriehalle oder eines futuristischen Fabrikgebäudes als Dekoration, in der sich mit wenigen akzentuierten Scheinwerfern die gewollte Atmosphäre gekonnt herstellen lassen kann. Oder hängen Sie Leinwände oder Stoff ab, auf die Sie Videos oder Dias projizieren oder die Sie mit Grafik bedrucken lassen. Versetzen Sie so Ihr Publikum in künstliche Welten, die Ihre Botschaft verdeutlichen, unterstützen oder verstärken.

Mit einfachen und preiswert zu mietenden Profilscheinwerfern und so genannten „Gobos", einer Art Dia, können Sie Ihr Firmenlogo oder Botschaften preiswert präsentieren und den Veranstaltungsort „branden". Licht ist ein ganz besonderes Medium, mit dem viel mehr möglich ist als die von Movinglights und Scannern bestimmte Ästhetik. Doch dazu später mehr (siehe Kap. 3.2.5).

Fragen Sie sich beim Branding, ob es ausreicht, sich auf die Veranstaltung selbst mit dem Event-Motto und Event-Logo zu beziehen oder ist ein übergeordnetes Branding von Marke oder Unternehmen darzustellen?

Gehen Sie in den Raum, in die Tiefe, und bespielen Sie ihn

Bleiben Sie nicht bei der zweiten Dimension stehen, sondern gehen Sie in den Raum, in die Tiefe, und bespielen Sie ihn. Lassen Sie die Akteure überall im Raum auftreten, aus dem Publikum heraus oder über es hinweg. Oder bewegen Sie das Publikum so, das es sich den Raum selbst erlaufen muss.

Die sonstige Raum-, Bühnen- und Tischdekoration hängt ebenfalls vom Kommunikationsziel ab. Ist sie nur schmückendes Beiwerk, die so üblich ist wie das Blumenarrangement am Rednerpult oder ist sie auch ein Medium für die Botschaft?

Bei der Einführung einer neuen farbigen Lichtschalterserie für ein mittelständisches Unternehmen hatte die Agentur Vok Dams Gruppe die Produkte nicht nur als Dekoelement und bei Kostümen eingesetzt, sondern sie zusätzlich auf den Tischen

Die Inszenierung und die szenischen Mittel

zum aktiven Abstimmungssystem gemacht. Das Publikum konnte die Programmabfolge des Großkundenevent durch das Betätigen der Taster steuern.

Ihrer Phantasie sind kaum Grenzen gesetzt, außer natürlich durch die Sicherheitsvorschriften (wie die Versammlungsstättenverordnung in Deutschland oder die Veranstaltungsstättengesetze in Österreich), die das Vorhandensein und Beachten von Fluchtwegen, Notausgängen und den Einsatz von Technik und Materialien vorschreiben.

Raum und Ausstattung

- Passen Architektur und Design zum Kommunikationsziel?
- Wie muss das Branding sein?
- Ist Bühnen- und Saaldekoration notwendig?
- Was ist angemessen für den Zweck des Events?
- Beachtung von Corporate Design?
- Brauche ich Fahnen, Banner oder Plakate?

3.2.4 Bilder und Medien

Ein Bild sagt mehr als Tausend Worte, lautet eine Binsenwahrheit. Ersetzen oder ergänzen Sie langatmige Erklärungen durch Videos. Die Herstellungskosten sind dank digitaler Technik und des starken Wettbewerbs unter den Produktionsfirmen überschaubar. Wichtig ist, welche kommunikative Bedeutung das Video hat. Danach richtet sich der Aufwand.

Die Produktion

Bevor Sie sich für eine Produktionsfirma entscheiden, die Sie zum Beispiel über die Fachzeitschriften finden können, sollten Sie sich Arbeitsproben anschauen. Die meisten Eventagenturen bieten die Gestaltung und Herstellung von medialen Beiträgen im Fullservice an.

Schauen Sie sich Arbeitsproben an

Sprechen Sie Exposé und das Drehbuch des Videos genau ab, sodass Sie Ihre Vorstellungen später auch sichtbar wieder finden. So groß der Reiz sein mag, sich selbst einmal wie Steven Spielberg zu fühlen, vertrauen Sie auf die Erfahrung von guten Regisseuren, Kameraleuten und Cuttern.

DAS „WIE" VON DRAMATURGIE UND INSZENIERUNG

Videoproduktion
- Imagevideo
 (eher emotional)
- Unternehmensvideo
 (informativ)
- Produktvideo
 (informativ)

- Themenvideo
 (informativ)
- Stimmungstrailer/
 Mood-cut (emotional)

Neben der Themenvermittlung und inhaltlichen Funktion eines Videos können sie auch als dramaturgisches Element, zum Beispiel für Überleitungen, eingesetzt werden, um vor allem Emotion und Stimmung zu erzeugen.

Videos können vermitteln:
- Freude,
- Schönheit,
- Motivation,
- Sicherheit,
- Spannung,
- Überraschung.

Der abwechslungsreiche Einsatz unterschiedlicher Medien hilft die Aufmerksamkeit zu halten, denn bewegte Bilder wirken auf den ersten Blick stärker. Auf der anderen Seite sind wir tagtäglich durch Fernsehen, Kino und inzwischen auch Internet mit Filmen reizüberlastet. Und wir sind dank aufwändiger Spezialeffekte verwöhnt, die man mit Eventbudgets kaum erreichen, geschweige denn toppen kann.

Die klassische Zuspielung von Videobändern findet kaum noch statt. Bewegte Bilder werden digital produziert und auch abgespielt. Neben Harddiskrecordern kommen immer häufiger so genannte Medienserver zum Einsatz, die Zuspielung, Bildmischung und Effektprogrammierungen ermöglichen.

Reduktion kann ein hilfreiches Mittel gegen Reizüberflutung sein

Ich finde, Reduktion kann hier ein hilfreiches Gegenmittel sein. Wirkt ein gutes Schwarzweißfoto nicht eindringlicher als der glänzendste Vierfarbdruck? Wie wäre es also beim nächsten Event mit der ästhetischen Anmutung einer gutgemachten Diaschau oder Multivision?

Videoprojektion

Um das Videobild sichtbar zu machen, gibt es verschiedene technische Möglichkeiten.

Die Inszenierung und die szenischen Mittel

Klassisch ist die Projektion auf Leinwände. Der Vorteil liegt in der Verfügbarkeit, Flexibilität und den vergleichsweise niedrigen Kosten von Projektor und Leinwand. Dank der Fortschritte in der Technik sind große Projektionsgrößen bis 15 Meter Bildbreite und mehr auch kein Problem mehr und Kinoqualität ist fast schon erreichbar. Allerdings müssen dann die Lichtbedingungen stimmen. Der Veranstaltungsraum muss verdunkelbar und in der Umgebung der Leinwand sollte auch nicht zu viel störendes Streulicht von Scheinwerfern sein.

Projektion auf Leinwände

Durch Zoomobjektive und verschiedene Leinwandgrößen lassen sich alle üblichen Projektionsformate bildfüllend realisieren, ob im klassischen Fernsehseitenverhältnis von 4:3 oder im 16:9-Breitwandformat.

Wichtig, aber heute fast schon selbstverständlich, sind Projektoren, bei denen die Zuspielung von Videosignalen und auch Computerdaten möglich ist.

Zuspielung von Videosignalen und Computerdaten

Viele Events sind abhängig von der Projektion, daher sollten Sie für den Fall eines Gerätedefekts vorsorgen und synchron mit zwei Projektoren arbeiten. Einige Vermieter bieten Geräte an, die ein Havariesystem eingebaut haben.

Die technische Anmutung der Leinwandkonstruktion können Sie als gestalterisches Dekorationselement nutzen. Selbst in einem Barocksaal kann ein gleißender und moderner Aluminiumrohrrahmen ein interessanter ästhetischer Kontrast oder auch optischer Störfaktor sein, der wegdekoriert werden muss.

technische Anmutung der Leinwandkonstruktion als gestalterisches Dekorationselement

Neben dem Einspielen von Videos können Sie die Projektionstechnik auch für die Übertragung von Kamerabildern nutzen und so beispielsweise den Redner überdimensional für alle sichtbar auf die Leinwand bannen. Gerade bei Großveranstaltungen mit mehreren tausend Teilnehmern ist das notwendig, da nur die wirklichen Superstars eine solche Aura und Bühnenpräsenz haben, dass selbst in der letzten Reihe die Fans noch in Ohnmacht fallen. Wechselnde Kameraperspektiven sorgen für Abwechslung, setzen aber technisch sowie personell eine kostenträchtige Bildregie voraus.

Übertragung von Kamerabildern auf die Leinwand

In vielen Veranstaltungssituationen lässt sich Tages- oder Streulicht nicht vermeiden. Bei Open-Air-Events oder auf Messen bieten sich daher andere technische Möglichkeiten an.

Projektionsmöglichkeiten bei Tages- und Streulicht

„VidiWalls" bestanden früher aus einzelnen Monitoren, heute aus Rückprojektionseinheiten. Die hohe Bildauflösung und die Helligkeit des „selbstleuchtenden" Mediums sind vorteilhaft. Durch digitale Technik in der Zuspielung lassen sich inzwischen Trickeffekte wie Splitting – das Mischen von mehreren Bildquellen gleichzeitig – auch mit der VidiWall realisieren. Auch große Bildbreiten sind mit dieser Technik möglich. Bei nahem Betrachtungsabstand sind allerdings die Angrenzungen der einzelnen Elemente sichtbar, daher sollte bei der Medienproduktion berücksichtig werden, dass keine unschönen Linien durch wichtige Motive oder mitten durch Schriften laufen.

LED-Großbildwände

LED-Großbildwände

LED-Technik verändert sich ständig. Die Auflösung und Farbwiedergabe werden immer besser. Zudem kommen LED-Module auf den Markt, die eine Zwitterfunktion zwischen räumlichem Gestaltungselement, grob aufgelösten bewegten Bildern und Lichteffekten ermöglichen. Durch Modulbauweise lassen sich auch überdimensionierte Bildbreiten realisieren. Das Problem von LED-Wänden ist deren Auflösung, da das Bild aus einzelnen Punkten der einzelnen Leuchtdioden zusammengesetzt ist. Voraussetzung für ein scharfes Bild ist also ein bestimmter Mindestabstand des Betrachters. Bei der Produktion von Videos muss dieses Medium besonders beachtet werden, um später auch wirklich wirkungsvolle Bilder zeigen zu können.

3.2.5 Licht

Licht lebt vom Hell-Dunkel-Kontrast

Licht ist ein faszinierendes Medium. Seine Farbe, seine Helligkeit, seine Menge und die Dauer sind gestaltbar. Allerdings braucht Licht für seine Wirkung immer den Kontrast durch das Gegenteil, das Dunkle.

Im Theater wurden schon zu Zeiten von Kerzenlicht und Gasbeleuchtung die verschiedensten Effekte entwickelt. Es wurde damals bereits mit Farbfiltern und optischen Linsen experimentiert.

Die moderne digitale Technik von Lichtsteuerung und Scheinwerfern eröffnet ganz neue Dimensionen in der Gestaltung, stellt aber auch neue Anforderungen an die Logistik. In allen Funktionen fernsteuerbare Scheinwerfer machen

Die Inszenierung und die szenischen Mittel

aus einem Segelschiff ein Speedboot. Leider wird dabei die handwerkliche Kunst traditionellen Lichtdesigns verdrängt.

Im Theater hat jeder Scheinwerfer eine Bedeutung. Stimmungen für die szenische Wirkung werden über Farbe und Helligkeit erzeugt. Für eine zarte Abenddämmerung werden manchmal Hunderte von Scheinwerfern eingesetzt. Mit einzelnen Spots werden Akteure oder Vorgänge betont.

Ich wünschte mir, bei Marketing-Events würden sich die Lichtgestalter wenigstens halb so viel Gedanken machen wie ihre Kollegen vom Theater. Die Regel sind leider grelle Effekte und tolle Buntheit. Eine einzige Kerze auf einer ansonsten dunklen Bühne und ein guter Schauspieler können mehr Gänsehaut hervorrufen, als Hunderte von Effektscheinwerfern.

Licht ist Kommunikation.

Erzeugen Sie Stimmungen bewusst. Setzen Sie Farben ein, ob im Corporate Design des Veranstalters oder um gezielt besondere Stimmungen zu erzeugen und Atmosphären zu schaffen.

Geben Sie sich nie mit der Programmierung zufrieden, die der Lichttechniker noch von seiner letzten Veranstaltung in seinem Pult gespeichert hat. Ein Event sollte individuell und einzigartig sein, auch sein Licht.

Vergessen Sie über die künstlerischen Aspekte jedoch nicht die Funktionen von Licht. Ein Schauspieler, der im Dunkeln seinen Text spricht, ist für einen Augenblick spannend, aber nicht auf Dauer.

Auf der Bühne oder Szenenfläche sollte eine Grundbeleuchtung, auch für Kameras, gesetzt sein. Das ist besonders wichtig, wenn sich Akteure und Moderatoren frei bewegen. Zusätzlich oder alternativ können sie durch so genannte Verfolgerscheinwerfer betont werden. An szenisch wichtigen Positionen, wie zum Beispiel an Rednerpulten, wird die Bühne akzentuiert. Man erlebt es immer wieder, dass auf Redner nur ein einziger Scheinwerfer ausgerichtet ist. So ergeben sich zwangsweise unschöne Schatten. Dabei sind konventionelle Scheinwerfer so preiswert zu mieten, dass eine ausreichende Ausleuchtung nicht an den Kosten scheitern muss. Mit leichten rosa Farbfiltern lassen sich „käsige" Gesichter verhindern.

Auf der Bühne oder Szenenfläche sollte eine Grundbeleuchtung gesetzt sein

Das „Wie" von Dramaturgie und Inszenierung

Für Showacts und Performances gelten andere Regeln. Hier hängt es von szenischen Erfordernissen ab, wie Licht und Schatten, Farben und Effekte eingesetzt werden.

So wie sich in einem Symphonieorchester die unterschiedlichsten Instrumente finden, so gibt es auch sehr verschiedene Scheinwerfertypen.

Wenn Sie das Thema vertiefen wollen, kann ich Ihnen das Buch „Faszination Licht" von Max Keller, der einer der besten deutschen Lichtdesigner ist, empfehlen.

Die Leuchtkörper in Scheinwerfern werden Brenner genannt. Immer häufiger werden in unterschiedlichen Schweinwerfertypen keine konventionellen Leuchtmittel, sondern LEDs eingesetzt. Deren Strombedarf und Wärmeentwicklung ist deutlich geringer. Sie bieten aber auch ganz neue Effekte. Die wichtigsten Scheinwerfertypen sind:

Fluter

gleichmäßiges Licht

Fluter erzeugen ein gleichmäßiges Licht und sind besonders geeignet um große Fläche auszuleuchten. Wenn in einer Location, wie einem Zelt oder einer alten Industriehalle keine Saalbeleuchtung vorhanden ist, eignet sich dieser Scheinwerfertyp besonders für das Grundlicht.

PAR-Scheinwerfer

gezielte Ausleuchtung definierter Bereiche

Das Licht von Parabolschweinwerfern oder PAR-Scheinwerfern wird durch einen parabolischen Reflektor in Gehäuse oder Brenner gerichtet. Mit PAR-Scheinwerfern können Sie definierte Bereiche der Bühne ausleuchten. Entsprechend der Brennweite des Reflektors gibt es verschieden große Lichtkegel. Der austretende Lichtkegel ist ansonsten nicht variierbar. Dafür ist dieser Typ sehr preiswert und eignet sich, mit Farbfiltern versehen, vor allem für das Showlicht von Bands.

Linsenscheinwerfer

universell einsetzbar

Der Lichtkegel von Stufen- oder Fresnelllinsenscheinwerfern ist stärker gebündelt und wird durch ein optisches System gesteuert. Er lässt sich größer oder kleiner, enger oder weiter einstellen. Auch von einer festen Position an einem Stativ oder einer Traverse kann man den Lichtkegel noch einstellen und bestimmte Bühnen- oder Szenenbereiche akzentuieren.

Die Inszenierung und die szenischen Mittel

Das Licht ist an den Rändern diffus, weshalb zusätzlich Klappen, Blenden oder Barndoors verwendet werden, mit denen sich das Licht begrenzen beziehungsweise abklappen lässt. Linsenscheinwerfer sind universell einsetzbar. Mit ihnen kann eine Bühne gleichmäßig ausgeleuchtet werden, aber auch nur bestimmte Bereiche akzentuiert werden.

Profilscheinwerfer

Wenn sehr exakte Lichtabgrenzungen gewünscht sind, was zum Beispiel an Bühnenkanten oder bei Rednerpulten sinnvoll ist und auch gut aussieht, empfehlen sich Profil- oder Zoomscheinwerfer. Der Lichtkegel ist durch Irisblenden noch schärfer regelbar und durch eingebaute Verschlüsse lassen sich „Lichtkanten" messerscharf gestalten. Bühnenauftritte und Lichtwege lassen sich somit wunderbar anlegen.

messerscharfe „Lichtkanten"

Profilscheinwerfer können mit Gobos eingesetzt werden. Das sind „Dias", die Logos, Schriften oder Formen projizieren.

Verfolger

Verfolgerscheinwerfer werden eingesetzt, um Akteure in ihrer Bewegung mit dem Lichtkegel verfolgen zu können. Dazu ist ein Mensch notwendig, der den Scheinwerfer von Hand bedient. Allerdings gibt es inzwischen auch automatische Systeme, die auf einen Sender reagieren, den der Akteur trägt.

Der Lichtkegel folgt einem Akteur

Die konventionellen Typen, die ich bisher beschrieben habe, haben einen Nachteil, sie sind statisch. Sind sie einmal installiert, ausgerichtet und mit einem Farbfilter ausgestattet, kann ich deren Licht nur noch in der Helligkeit und durch Ein- oder Ausschalten variieren. Ich muss also sehr gut planen und brauche vergleichsweise viele Scheinwerfer, die allerdings relativ preiswert im Vergleich zu anderen, im Folgenden beschriebenen Systemen sind, bei denen Lichtaustritt und Farbe frei wählbar sind.

Moving Lights

Sie sind wie Profilscheinwerfer, aber motorisch so betrieben, dass man sie ferngesteuert jederzeit ausrichten kann. Auch die Farben sind durch ein integriertes Farbmischsystem frei wählbar. Die Linsen sind zumeist mit einer Flüssigkeit gefüllt durch deren zu- oder abpumpen die Brennweite reguliert wer-

Lichtausrichtung und Farbe variierbar

Das „Wie" von Dramaturgie und Inszenierung

den kann. Zusätzliche Wirkung ergibt sich, wenn die Spots wie Suchscheinwerfer bewegt werden.

Scanner

Lichteffekte   Dieser Typ ist vor allem aus Diskotheken bekannt und eignet sich für Effekte. Der Lichtaustritt wird über einen ferngesteuerten Spiegel geregelt, der sehr schnell reagiert. Blitzlichtartige Stroboskop-Effekte, gefächerte Strahlenbündel oder das Projizieren von Gobos sind der Hauptnutzen dieses Scheinwerfers.

Abb. 25: *Profiler, Stufenlinse und Moving-Light – drei gebräuchliche Scheinwerfertypen (SHOWTEC Beleuchtungs- und Beschallungs GmbH, Köln)*

Die szensische Wirkung des Lichts beruht auf Farbe, Helligkeit, den Wechseln und Übergängen wie Auf- und Abblende, Überblendung und Blackout.

zentrale Steuerung   Um die gewünschte Wirkung zu erzielen, werden in der Regel mehrere Scheinwerfer parallel genutzt. Dank der modernen Steuerungs- und Speichertechnik ist es schon lange kein Problem mehr, die unterschiedlichsten Lichtstimmungen einzelner Akte, Szenen und Bilder von einem zentralen Stellpult aus abzuspeichern und stichwortgenau abzurufen.

Veranstaltungslicht ist immer auch mehr als das reine Bühnenlicht. Das Saallicht ist ebenso wichtig.

Die Inszenierung und die szenischen Mittel

Sind Sie auch schon einmal in der Dunkelheit eines Events eingeschlummert, weil Sie als Publikum während einer Rede in einem schwarzen Loch saßen? Das ist weder für die Teilnehmer, noch für die Akteure gut, da diese ihr Publikum nicht sehen können, denn das Licht auf der Bühne blendet immer. Regeln Sie das Saallicht so hell wie nötig, dass Redner das Publikum erkennen können, aber Projektionen nicht gestört werden.

Auch zur Inszenierung einer Location von innen und von außen sollten Sie Licht als gestalterisches Mittel einsetzen. In London war die Royal Albert Hall für einen Event in leuchtendes HONDA-Rot eingehüllt. So etwas ist einfach aber wirksam.

Die Location lässt sich auch von außen mit Licht gestalten

3.2.6 Ton und Soundeffekte

Ton ist der Träger von Sprache, Gesang oder Musik. Lassen Sie die Form der Funktion folgen. Hohe Verständlichkeit, angenehme Lautstärke und gute Klangqualität haben Priorität. Tontechnik ist nie das Teuerste an einem Event, weshalb Sie nie zulasten der Qualität sparen sollten.

Mit Ton und Klang lässt sich aber viel mehr erreichen als das Publikum zu beschallen. Designen Sie Ihren Eventsound. Selbst das Geräusch einer sich schließenden Autotür wird längst nicht mehr dem Zufall überlassen, sondern so gestaltet, dass das satte Klacken dem Wagen einer höheren Preisklasse angemessen ist.

Designen Sie Ihren Eventsound

Nicht nur das „Was" des Tons, also Sprachbotschaft oder Musik, auch das „Wie" ist Kommunikation, die Sie aktiv einsetzen können und sogar müssen.

Dabei sollten Sie nicht auf die aktuellen Top 10 oder die Eventstandards, wie „Conquest of Paradise" oder „Time to say Good-Bye" setzen. Der Musiker Brian Eno hat schon vor Jahrzehnten Musik für Flughäfen und Aufzüge komponiert, als noch niemand das Wort „Ambient" benutzte, um dem akustischen Einheitsgedudel etwas Neues entgegenzusetzen. Wie wäre es also mit einem eigenen Ambientsound, einer eigenen Klangwelt für die nächste Händlertagung oder den nächsten Presseevent? Jahrhundertelang schufen Komponisten solche

Das „Wie" von Dramaturgie und Inszenierung

Klänge für die Politevents ihrer Fürsten, Könige und Kaiser, zum Beispiel als Tafelmusik oder für die Kirchenfürsten als sakrale Musik. Während früher zu solcher Musik eifrig gezecht und gespeist wurde, lauschen wir diesen Kompositionen inzwischen andächtig in Konzertsälen.

Auch der Ton braucht den Kontrast der Stille: Dauerhafter lauter Klang ist Lärm und gesundheitsschädlich

Mit dem Ton ist es wie mit dem Licht, er braucht den Kontrast um zu wirken: die Stille. Dauerhafter lauter Klang ist Lärm und gesundheitsschädlich.

Der inzwischen übliche Lärmpegel bei Events ärgert mich. Vielleicht haben die Tontechniker inzwischen ihr Gehör so weit ruiniert, dass sie sonst nichts mehr wahrnehmen können?

Ich habe eine Autopräsentation mit dröhnendem Surround-Sound erlebt, die so laut war, dass es schmerzte und das Publikum vorab gewarnt wurde, dass Schwangere und Herzkranke nicht an der Präsentation teilnehmen sollten. Dabei hätte etwas weniger Lautstärke und etwas weniger spürbarer Bassklang vielleicht schon ausgereicht.

Manchmal ist ein Augenblick der Stille vielleicht der effektivste Soundeffekt

Pegeln Sie den Lautstärkeregler nicht unnötig hoch um Wirkung zu erzielen, sondern setzen Sie Klang kreativ, intelligent und damit wirkungsvoll ein. Und manchmal ist ein Augenblick der Stille vielleicht der effektivste Soundeffekt. Schließlich werden wir schon in Supermärkten, Kaufhäusern, Restaurants oder selbst am „stillen Örtchen" ständig berieselt.

Events sind live, die Teilnehmer real. Das gibt Ihnen die einzigartige Möglichkeit, mehr Sinne als nur das Hören und Sehen anzusprechen.

3.2.7 Duft

Gerüche wirken unmittelbar auf das Unterbewusstsein

Auf Reize, die über den Geruchssinn wahrgenommen werden, reagiert der Mensch am unmittelbarsten und das vor allem unterbewusst.

Ein harziger Tannenwald an einem heißen Tag, das rauchige Holz eines offenen Kaminfeuers an einem Winterabend, die duftende Blumenwiese aus der Kindheit, Erde nach einem Sommerregen, all das sind Gerüche, die schon beim bloßen

Die Inszenierung und die szenischen Mittel

Lesen Erinnerungen und Assoziationen wecken. Wenn Sie eine Beziehung zwischen einem Duft und Ihrer Botschaft oder Ihrem Thema herstellen können, dann versuchen Sie es einmal mit diesem Mittel.

Es gibt verschiedene technische Möglichkeiten Düfte bei Events einzusetzen. Um zu wirken, braucht der Duft immer eine Luftbewegung. Klima- und Belüftungsanlagen können vielleicht direkt oder indirekt genutzt werden. Es gibt aber auch Spezialgeräte.

Um zu wirken, braucht der Duft immer eine Luftbewegung

Das größte Problem liegt darin, dass kein Duft so präzise steuerbar ist wie ein Scheinwerfer, der in einer Sekunde angeht, leuchtet und ausgeht. Daher müssen Technik und Geruchsstoffe sehr sorgfältig ausgewählt werden. Beachten Sie auch die mögliche Wirkung auf Allergiker. Bei diesem inszenatorischen Mittel gilt daher ganz besonders: subtil, nicht massiv.

Ein Geruch lässt sich nicht an- oder abstellen

3.2.8 Geschmack und Catering

Essen und Trinken ist etwas Wunderbares, da zumeist alle Sinne angesprochen werden. Event lässt sich nicht nur sehen, hören und riechen, sondern auch schmecken.

Auf der Zunge, dem Gaumen und in der Nase erleben wir Catering, das beim Marketing-Event ebenfalls Kommunikation ist und immer mehr als die reine Zufuhr von Nahrungsmitteln und Vitalstoffen.

Auch Catering ist Kommunikation

Welche kommunikative Botschaft soll das Catering vermitteln?
- Was ist der Anlass?
- Was passt zur Idee?
- Was passt zum Image?
- Wie viel Zeit steht zur Verfügung?

Was es gibt und wie es serviert wird, sollte von der Event-Idee abgeleitet sein. Natürlich müssen Sie die kulturellen Gewohnheiten Ihrer Zielgruppe bedenken. Käse für Chinesen und Koreaner oder Affenhirn für Europäer in der Speisenfolge können im Sinne der Dramaturgie zwar überraschen und auch eine Wirkung wird sich zweifelsfrei einstellen. Aber auch der Erfolg?

Es müssen nicht immer gleich die ungewöhnlichsten Zutaten sein. Auch Speisefolge und Zubereitung bieten den Küchenchefs kreative Freiheiten. Wägen Sie also ab, wie konventionell oder avantgardistisch Ihr Catering wird. Das hängt manchmal, aber nicht immer, vom Budget ab.

WAS PASST ZU TEILNEHMERN, THEMA, UNTERNEHMEN, MARKE ODER PRODUKT?
- Formell oder informell?
- Witzig oder konventionell?
- Authentisch oder gestylt?
- Einfach oder Gourmet?
- Minimalistisch oder epikureisch?
- Gesundheitsbewusst oder schwelgend?

Der Respekt vor religiösen Regeln ist ein Muss

Der Respekt vor religiösen Regeln ist ebenfalls ein Muss. Fragen Sie also vorher ab, ob es bei Ihren Teilnehmern etwas zu beachten gibt. Gerade im Rahmen der koscheren Küche wird es kompliziert. Im Internet finden Sie zu „Kashruth", den jüdischen Speisegesetzen, wertvolle Tipps auf der Homepage des deutsch-jüdischen Internetdienstes HAGALIL *(www.hagalil.com)*. Die großen Caterer sind in der Regel alle in der Einhaltung jüdischer, islamischer oder weiterer religiöser Regeln erfahren.

Mittlerweile gibt es viele Vegetarier, die sich manchmal, trotz der Abfrage beim Einladungsprozedere, erst beim festlichen Dinner outen. Besprechen Sie dies mit dem Caterer im Vorfeld, sodass er im Notfall etwas in Bereitschaft hat, was nicht nur aus einem improvisierten Salat besteht.

Es gibt fast schon unüberschaubar viele Anbieter, der Metzger um die Ecke, der esoterische Partyservice, der Außerhausservice von Hotels oder die renommierten Firmen wie LUFTHANSA, KÄFER oder DOCO, die auch 10.000 Menschen hochwertig versorgen können.

Wählen Sie den Anbieter, der Sie versteht, der kompetent ist, ausreichend Erfahrung und die nötigen personellen und technischen Kapazitäten hat. Bei kleinen Mengen oder schmalen Budgets empfiehlt sich eine gewisse räumliche Nähe.

Die Inszenierung und die szenischen Mittel

Vor dem Event sollten Sie ein Probeessen durchführen, um Service und Qualität zu testen und Verbesserungen durchführen zu können.

Vor dem Event sollten Sie ein Probeessen durchführen

Catering ist ein beliebtes Thema, vor allem auf Kundenseite, denn hier redet jeder gerne mit. Sie sollten aber den Küchenchef nicht zu sehr durch Ihre eigenen Vorstellungen einengen. Nicht alle Gerichte und Zusammenstellungen, die im unerfahrenen Kopf entstehen, sind nachher auch praktikabel und landen auf dem Teller. Als verantwortlicher Eventmanager aus Agentur oder von Kundenseite sollten Sie die servierten Gerichte beim Event selbst probieren. Nur dann wissen Sie, ob die Qualität stimmt oder mögliche Beschwerden der Gäste berechtigt sind. Denn wenn viele Menschen zusammenkommen, kann man nicht immer jeden Geschmack hundertfünfzigprozentig treffen. Dem einen war es zu laff, dem anderen überwürzt. Solange solche Reklamationen oder Feedback Einzelfälle bleiben, war alles in Ordnung.

Inszeniertes Catering
- Art der Gerichte
- Kombination von Lebensmitteln
- Art des Anrichtens auf dem Teller (Tellergerichte)
- Art des Anrichtens auf Platten (Buffet)
- Speisenfolge und Zahl der Gänge
- Gedecke und Tischdekoration
- Buffetdekoration
- Tischordnung

Tellergericht oder Buffet, das ist schon fast eine Frage von shakespeareschem Ausmaß.

Das Buffet

Ein Buffet benötigt weniger Servicepersonal, ist kostengünstiger und es gibt vermeintlich keine Wartezeiten.

Der Nachteil liegt darin, dass alles schon vorher zubereitet werden muss. Ausgelaugte Gemüse und zerfallener Fisch oder müdes Fleisch, die zu lange auf dem Chafingdish schmorten, sind leider die Regel.

Das „Wie" von Dramaturgie und Inszenierung

Die „Buffetschlange" ist leider immer noch nicht vom Aussterben bedroht

Außerdem führen Selbstbedienungsbuffets, die nicht vernünftig geplant sind, zu einer unschönen Erscheinung: der „Buffetschlange". Diese Spezies ist leider immer noch nicht vom Aussterben bedroht. Gegen sie hilft nur die Entzerrung durch mehrere gut im Raum verteilte Ausgabestationen.

Für ein Mittagsbuffet sollten Sie mindestens 45 Minuten einkalkulieren

Für ein Mittagsbuffet sollten Sie mindestens 45 Minuten einkalkulieren. Bedenken Sie gegebenenfalls auch die Wegezeiten vom Veranstaltungsraum zum Cateringraum und zurück.

Tellergerichte und Mehrgangmenüs

Tellergerichte und Mehrgangmenüs am Tisch serviert, müssen nicht nur den festlichen Galas vorbehalten sein. Die Teilnehmer von Arbeitstagungen, die stundenlang in Workshops büffeln, sollten Sie durch ein Mehr an Service beim Essen belohnen.

Gute Küchenchefs sind immer auch Künstler, die dem Auge etwas bieten. Ich bewundere die Kreationen auf den Tellern, die fast zu schade zum Essen sind.

Gemüse und Früchte im Corporate Design oder ein Dessert in Logoform

Bei der Namensfindung für die Menükarte, aber auch auf den Tellern selbst lassen sich Bezüge zu einer Marke, einem Unternehmen oder einem Produkt herstellen, wie farbiges Gemüse und Früchte im Corporate Design oder ein Dessert in Logoform. Fragen Sie Ihren Caterer und fordern Sie seine Phantasie heraus. Allerdings sollte das Ergebnis in jeder Beziehung angemessen sein, also noch essbar, appetitlich und witzig, aber nicht lächerlich.

Bei Mittagsmenüs sollten Sie je Vor- und Nachspeise mindestens 30 Minuten rechnen, für einen Hauptgang mindestens 45 Minuten. Abends kann es dann auch noch etwas länger sein. Sprechen Sie die Zeiten mit dem Caterer ab und hinterfragen Sie den geplanten Personaleinsatz. Nichts ist peinlicher, als wenn an den einen Tischen schon das Dessert und an den anderen erst der Hauptgang serviert wird.

Eine Kompromissform aus Buffet und Tellergericht ist das „Fliegende Buffet", bei dem das Servicepersonal mit den Platten an den Tischen „vorbeifliegt". Das spart Zeit und ist besonders für Vor- und Nachspeisen geeignet.

Die Inszenierung und die szenischen Mittel

Es muss ja nicht immer gleich ein tonnenschweres Buffet oder zehngängiges Menü sein. Bei wenig Zeit, kleinen Budgets, für zwischendurch oder zur Begrüßung bieten sich andere Formen an: Das Kanapee ist tot, es lebe das Fingerfood.

Das Kanapee ist tot, es lebe das Fingerfood

Fingerfood

Essen ist aber auch ein haptisches Erlebnis. Vielleicht ist deshalb Fingerfood so beliebt. Hier kommt es nicht nur auf frisches und appetitliches Aussehen an, sondern auch auf die Handhabbarkeit. Wenn ein durchgeweichter Happen in der Hand und auf dem Kostüm oder Anzug zerlappt, nutzt die tollste Kombination von ursprünglich saftigstem Fleisch und knusprigstem Teig nichts mehr.

Wenn die Teilnehmer vom Fingerfood alleine satt werden sollen, dann brauchen sie mehr oder größere Portionen.

Physiologische Aspekte

Unterzuckerte Menschen sind nicht nur unkonzentriert, sondern werden irgendwann auch unfreundlich. Sorgen Sie daher in Veranstaltungspausen für kleine Snacks. Ob Obst, frische Fruchtsäfte, Müslis und Joghurts oder Gebäck am Nachmittag, sie sorgen zwischendurch für Zucker- und Energiezufuhr.

Verhindern Sie Unterzuckerung bei längeren Veranstaltungen

In klimatisierten Räumen sollten Sie zudem auch genug Mineralwasser ohne Kohlensäure anbieten. Lufttrockenheit und Dehydrierung durch zu viel Kaffee behindern die Aufmerksamkeit.

Falls Sie mit der gesunden Seite des Essens und Trinkens beim Catering bewusst verfahren wollen, empfehle ich Ihnen das Buch von Gudrun Dalla Via „Powernahrung fürs Gehirn" (Reinbek, 1998) zur Lektüre.

Getränke

Tagungsgetränke sollten gesund und möglichst ohne Alkohol sein. Das hängt jedoch auch von den Teilnehmern ab. Franzosen den Wein oder Bayern das Bier vorzuenthalten ist vielleicht nicht so klug.

Die Getränke müssen zum Budget, vor allem aber zum Essen passen.

Pauschalpreis für Speisen und Getränke

Um die Kosten im Griff zu behalten, sollten Sie einen Pauschalpreis für Speisen und Getränke ausmachen, denn gute und erfahrene Caterer können die Trinkfreudigkeit von Teilnehmern gut einschätzen.

Tisch- und Buffetdeko

Inszenieren Sie das Buffet oder die Tische. Die Deko fängt mit Gedecken, Bestecken, Gläsern, Servietten und Tischdecken an. Die gezielte Auswahl oder Gestaltung ist der erste Teil der Deko: Standardware oder Luxustafelsilber?

Oder lassen Sie Künstler die Tischdecken und Servietten mit ungiftiger Sprühfarbe gestalten. Nehmen Sie mal Bananenblätter statt Teller.

Abb. 26: Tischdeko (QUASAR COMMUNICATIONS)

Deko mit Wegwerfcharakter, wie Schnittblumen oder Salatblätter als Unterlagen, können, aber müssen nicht sein. Wie wäre es mit Modellautos als Salz- und Pfefferstreuer für einen Autoversicherer als Veranstalter oder mit als origami-gefaltete Zeitung aufgemachten Servietten für einen Presseevent? Ihrer Phantasie steht höchstens der Brandschutz in einer Location entgegen. Klären Sie ausgefallene Ideen und Wünsche frühzeitig mit dem Betreiber oder der Feuerwehr ab.

Wenn Gäste die Tische heimlich plündern, ist das ein Zeichen dafür, dass sie unzufrieden sind und sich entschädigen wollen. Tun sie das offen, dann hat ihnen der Event gefallen und

Die Inszenierung und die szenischen Mittel

sie wollen ein Souvenir. Konzipieren Sie die Tischdeko doch einfach direkt als „Take-away".

Konzipieren Sie die Tischdeko direkt als „Take-away"

Tischordnung

Wollen Sie die freie Kommunikation oder eine geregelte Tischordnung? Es kommt auf den Charakter Ihres Events an, wie Sie die Location betischen. Runde Tische sind kommunikativer als lange viereckige, da sich alle Gäste gleichberechtigt sehen können. An einem runden Banketttisch mit zwei Metern Durchmesser finden bei einem formellen Dinner mit vielen Speisefolgen acht Personen Platz. Bei Kapazitätsproblemen im Saal können Sie notfalls auch noch zehn, maximal zwölf Gäste pro Tisch platzieren. Allerdings findet dann schon Tuchfühlung statt.

Die Tischordnung ist immer ein heikles politisches Thema, denn gerne werden Mitarbeiter, die unbedeutend oder in Ungnade gefallen sind, möglichst weit weg vom Vorstandstisch verbannt. Als Agentur hat man darauf wenig Einfluss und kurzfristige Änderungen sind bis unmittelbar vor der Veranstaltung an der Tagesordnung.

Die Tischordnung ist immer ein heikles politisches Thema

Gerade bei großen Events ist das problematisch, da das Finden des zugewiesenen Tisches nicht so einfach ist. Gedruckte Tischordnungen mit Plänen, welche die Teilnehmer schon vorab erhalten, wären eine Lösung. Aber wegen der Änderungsfreudigkeit der Veranstalter sind sie selten praktikabel.

Am einfachsten geht es, wenn Sie „Empfangschefs" benennen, die anhand aktuellster Namenslisten gut informiert sind und die Orientierung über die Tische haben. Sie weisen den Teilnehmern ihren Tisch zu. Auf jeden Fall sollten Sie dies nicht nur dem Caterer überlassen, sondern als Gastgeber personelle Präsenz zeigen. Im Raum verteiltes zusätzliches Personal sollte zumindest wissen, wo welcher Tisch ist, um auf den letzten Metern eventuell zum richtigen Platz zu helfen.

Empfangschefs weisen den Teilnehmern ihre Tische zu

Mögliche Tischordnungen
- Strikte Tischordnung
- Freie Wahl
- Tischregionen

Das „Wie" von Dramaturgie und Inszenierung

Gehen Sie auch mal offensiv mit den kommunikativen Möglichkeiten um. Cliquenbildung können Sie aufbrechen und Sie fördern das Kennenlernen, wenn Sie vorher noch unbekannte Teilnehmer durch das Essen zusammenbringen.

Bei mehrtägigen Events gibt es mehrere Cateringanlässe. Planen Sie diese abwechselnd mit fester Tischordnung und freier Wahl. Zu viel Zwang wird als Gängelung empfunden und ist kontraproduktiv.

Mischform aus freier Wahl und strikter Tischordnung

Ich habe gute Erfahrungen mit den Mischformen gemacht. Bei einer Tagung zum Thema Europa wurden die Teilnehmer zum Abendevent in definierten Gruppen bestimmten „Ländern" zugeteilt. Die Tische waren an ihrer „landestypischen" Dekoration und deutlich sichtbaren Flaggen erkennbar. In den einzelnen Betischungsregionen konnten die Teilnehmer aber ihren Platz frei wählen.

Bei einem anderen Event waren die Tischgruppen nach den weltweiten Niederlassungen benannt und dekoriert: Kapstadt, Peking, Sao Paulo, Madrid und Bremen. An jedem Tisch saß ein „Gastgeber" aus dem entsprechenden Land, um ganz informell Auskunft über das Land und den Standort vermitteln zu können.

Liebe geht bekanntlich durch den Magen. Das gilt auch bei einem Marketing-Event. Ein Catering mit unzureichendem Service und schlechter Qualität speichern die Teilnehmer im Elefantengedächtnis.

Essen und Trinken inspirieren nicht nur zur Kommunikation, sie sind selbst Kommunikation.

Zum Schluss noch eine ethische Bemerkung: Sollte man sich überhaupt so viele Gedanken zum Thema Catering machen? Ich finde ja, denn wenn wir es nicht tun, wird der Hunger in der Welt auch nicht geringer. Die Folgen der Gleichgültigkeit aber sind die Lebensmittelskandale und der Verlust der Nährstoffe in den Lebensmitteln durch übertriebene industrielle Produktion.

Die Inszenierung und die szenischen Mittel

3.2.9 Haptische Erlebnisse

Das Ansprechen des Tastsinns bei einem Marketing-Event verlangt viel Phantasie in der Kreationsphase. Was ist sinnvoll und wie lässt sich das, gerade bei vielen Teilnehmern, verwirklichen.

Es kann ein besonders weicher oder unterschiedlich harter Fußboden sein, der ein „ergehbares" Erlebnis schafft. Wer viel auf den Beinen und Füßen ist, weiß wie wohltuend das ist. Deshalb bieten sich solche haptischen Inszenierungen gerade bei Messeständen an, zwischen denen die Besucher lange Strecken auf dem Hallenboden zurücklegen.

Bieten sie den müden Füßen von Messebesuchern Abwechslung und Entspannung

Oder wie wäre es mit einer „Tastbar", die vollkommen abgedunkelt ist und in der sich die Oberflächen eines neuen Produktes erfühlen lassen, sei es ein Handy, braune oder weiße Ware oder die Innenausstattungsvarianten eines Automobils?

Lassen Sie Ihre Teilnehmer in einer „Tastbar" Produkte erfühlen

3.2.10 Aktion

Lassen Sie Ihre Teilnehmer nicht nur konsumieren, sei der Event auch noch so sinnlich. Sie kennen das aus eigenen Lernsituationen Ihrer Kindheit. Waren mit den Lerninhalten intelligente Aktivitäten verbunden, erhöhte sich Ihre Lernleistung automatisch. Genau das wollen Sie ja auch durch Marketing-Events erreichen, dass die Botschaft ihr Ziel besser erreicht und länger im Gedächtnis bleibt.

Mit Aktionen verbundene Inhalte und Botschaften wirken nachhaltiger

Verhältnis zwischen Aktion und Kommunikationsziel
- Angemessen
- Zumutbar
- Passend
- Handhabbar
- Wirksam

Aktivieren Sie Ihre Teilnehmer. Bewegen Sie sie im unmittelbaren Wortsinn.

Lassen Sie Ihre Gäste von Erlebnisstation zu Erlebnisstation gehen. Das kann sogar in großen Gruppen geschehen. Warum nicht von ein paar „Vorturnern" animiert ein Thema gestisch umsetzen lassen?

Bringen Sie Ihrer Vertriebscrew das Motto der neuen Marketingstrategie beim Kick-Off-Event durch Gebärdensprachenlehrer in Zeichensprache bei. Sie können sicher sein, dass die Teilnehmer das nicht nur bei der abendlichen Party aufgreifen, sondern auch noch bei der nächsten Tagung, wie ich aus eigener Erfahrung weiß.

Oder durchmischen Sie die nächste Salestagung mit Aktionen. Um das Gefühl „Alle in einem Boot" für 150 Außendienstler hautnah erlebbar zu machen, habe ich sie auf ein Museumsschiff verfrachtet, das klargemacht wurde. Rostklopfen gehörte ebenso zu den Aktionen wie Deckschrubben und Anstreichen, was auch von den Teilnehmerinnen angenommen wurde.

Bei einer anderen Tagung mussten Pharmareferenten angeleitet von Künstlern und den Produktmanagern die im Infoteil vorgestellten neuen Produkte tatkräftig interpretieren. Mit Farben und Flächen, in Ytongstein gehauen oder als dreidimensionale Collagen entstanden Kunstwerke, die später das Verwaltungsgebäude als Ausstellung zierten.

Auf der Automesse in Detroit haben wir Werbespots von VOLKSWAGEN OF AMERICA für die Messebesucher erlebbar werden lassen: In einem Werbefilm zum VW-Golf singen zwei junge Leute den Song „Mr. Roboto" mit. Auf dem Messestand

Abb. 27: Mr. Roboto (VOK DAMS GRUPPE)

wurden die Besucher aufgefordert, beim Probesitzen im Auto das Stück mit Unterstützung eines Karaokemonitors selbst zu singen. Von ihrer Aktion erhielten sie abschließend als Giveaway eine live gebrannte Audio-CD. Diese Idee für die VOK DAMS GRUPPE entwickelte sich zum heimlichen Hit der ganzen Automobilmesse.

Inszenierung ist viel mehr als der Einsatz von Licht, Showact und Ton. Kopieren oder klonen Sie nicht einfach die bekannten Formate von erfolgreichen Gameshows, Quizsendungen oder Fernsehgalas.

Es kommt immer auf Ihre Idee an, und die sollte so originell, authentisch und nachhaltig wie möglich sein. Nur dann ist sie wirklich unverwechselbar und effektiv.

4 Das „Wie" der Kalkulation

Ohne eine solide Kalkulation kann aus der besten Idee, der überschäumendsten Phantasie und den spannendsten Themen kein erfolgreicher Event werden. Ob Sie einen Marketing-Event intern planen oder als Agentur in einer Wettbewerbspräsentation um ihn kämpfen, Budgetvorgaben sollten eingehalten werden. Und als Auftraggeber sollten Sie konkrete Budgetvorgaben machen.

Die Kalkulation erfolgt in drei Schritten:
- Vorkalkulation
- Zwischenkalkulation
- Nachkalkulation

Vorkalkulation

Die Vorkalkulation dient intern der vorausschauenden Kostenermittlung eines Projekts und der Budgetdefintion in der Konzeptphase. Extern ist sie für die Preisermittlung bei der Angebotserstellung und als Entscheidungsgrundlage unerlässlich. Wenn diese dann vom Auftraggeber akzeptiert wird, gibt sie den Etat oder das Budget für den Marketing-Event vor.

vorausschauende Kostenermittlung eines Projekts

DAS „WIE" DER KALKULATION

Werden die Kosten in einer frühen Phase nur grob aus Erfahrungswerten ermittelt, spricht man von Kostenschätzung. Sie ist unverbindlich. Aber vor Projektstart muss sie dann zur Detailkalkulation verfeinert werden.

Zwischenkalkulation

Soll-Ist-Vergleich der Kosten

Die Zwischenkalkulation findet kontinuierlich oder zu definierenden Terminen vor dem Event statt. Mit ihr steuern Sie das Budget und kontrollieren seine Einhaltung im Soll-Ist-Vergleich der Kosten.

Bei aller Erfahrung und Gründlichkeit gibt es in der Praxis jedoch kaum ein Budget, das im Detail so bleibt, wie es ursprünglich kalkuliert war. Oft kommen Leistungen, die ein Kunde plötzlich zusätzlich wünscht, hinzu. Und natürlich gibt es außergewöhnliche und unvorhersehbare Ereignisse.

Trotz sorgfältigster Planung kann es also vorkommen, dass ein Budget nicht einzuhalten ist. Leider lassen sich angesichts des scharfen Wettbewerbs und harten Kostendrucks immer seltener stille Reserven und Sicherheiten einrechnen. Manchmal hilft das Nachverhandeln bei den Lieferanten.

KOSTENSTEIGERUNGEN SOLLTEN SIE PRINZIPIELL TRANSPARENT MACHEN, OB INTERN IM UNTERNEHMEN ODER ALS BEAUFTRAGTE AGENTUR.

Teilen Sie Kostensteigerungen dem Auftraggeber frühzeitig mit und lassen Sie sich diese von ihm freigeben und bestätigen. So vermeiden Sie Auseinandersetzungen bei der Abrechnung.

Geben Sie der Agentur oder Ihrem eigenem Team die Freiräume und Flexibilität bei geringen Kostenüber- oder Unterschreitungen finanzielle Mittel umzuverteilen, wenn dadurch die Endsumme nicht gesprengt und die Qualität der Leistung nicht gemindert wird.

Nachkalkulation

Grundlage für die Schlussabrechnung

Die Nachkalkulation findet erst nach dem Event statt und ist die Grundlage für die Schlussabrechnung. In der Praxis ist es kaum möglich, sofort nach dem Event die Abschlussrechnung zu stellen, da viele Rechnungen der Leistungsträger erst 14

DIE VERSCHIEDENEN KOSTENARTEN

Tage, einen Monat oder noch später eintreffen. Die Nachkalkulation macht den wirtschaftlichen Erfolg oder Misserfolg deutlich.

Ausweis des wirtschaftlichen Erfolgs oder Misserfolgs

4.1 Was kostet ein Event?

Die Frage stellt sich leicht, die Antwort fällt schwer. Jeder Event ist ein Einzelstück und wird speziell für die gestellte Aufgabe geschaffen. Leistungen wie Catering oder Hotelkosten könnten Sie mit Erfahrungswerten ansetzen, aber bei den Kosten für eine individuelle Inszenierung geht das kaum.

Das geplante Veranstaltungsdatum wirkt sich in Messezeiten oder der Saison gravierend auf das Budget aus. Und ob Sie mit 5.000 Menschen nach Lissabon oder London gehen, wirkt sich als siebenstelliger Unterschied aus. Wie kommen Sie dennoch zu einer seriösen Kalkulation?

Gehen Sie systematisch vor, um nichts zu vergessen. Damit Ihnen dies nicht passieren kann, werden wir jetzt gemeinsam und Schritt für Schritt das Erstellen einer Kalkulation durchgehen.

4.2 Die verschiedenen Kostenarten

Zunächst „kostet" ein Event, also muss ich die verschiedenen Kostenarten, die anfallen, erfassen. Das Konzept ist die Basis. Alle Leistungen, die darin beschrieben sind, müssen auch kalkuliert werden.

Alle Leistungen, die im Konzept beschrieben sind, müssen auch kalkuliert werden

Die Projektkosten bestehen aus den eigenen Kosten, den so genannten „Selbstkosten" und den „Fremdleistungskosten".

	Selbstkosten
+	Fremdleistungseinzelkosten
=	PROJEKTKOSTEN

Am einfachsten fällt die Berechnung bei den Fremdleistungseinzelkosten, da Sie hier die Arbeit der „Kalkulation" einfach delegieren können. In der Regel haben Sie es mit erfahrenen Dienstleistern zu tun und ein Hotel, das seine eigenen Preise nicht berechnen kann, würde ich bestimmt nicht buchen.

Fremdleistungskosten werden von den externen Leistungsanbietern eingeholt

DAS „WIE" DER KALKULATION

Fordern Sie mehrere vergleichbare Fremdleistungsangebote von Wettbewerbern an. Dies setzt allerdings ein vernünftiges Briefing voraus. Informieren Sie den Dienstleister über alle Details, die er für seine Kalkulation benötigt. Erwähnen Sie vor allem die zeitlichen oder mengenmäßigen Angaben wie Probe- und Aufbautage oder zusätzliches Crewcatering. Das Briefing sollte immer schriftlich erfolgen.

Das Briefing sollte immer schriftlich erfolgen

ZWEI TIPPS

einheitliche Zahlungsmodalitäten aushandeln

Um den bürokratischen Aufwand gering zu halten, sollten Sie für die spätere Rechnungsstellung einheitliche Zahlungsmodalitäten aushandeln, wie „Zahlung nach Rechnungsstellung 30 Tage netto". Agenturen haben oft das Problem, dass der Kunde nach dem Event nicht fristgemäß zahlt. Rechnungen müssen bei ihm von verschiedenen Abteilungen geprüft werden und bis dann die Zahlung endlich erfolgt, sind schnell drei Monate ins Land gegangen. Sie sind dann gezwungen aus Eigen- oder Fremdmitteln vorzufinanzieren, um Ihre Leistungsträger zu bezahlen oder vereinbaren Sie die Zahlung sobald auch der Kunde bezahlt hat. Wenn das frühzeitig bekannt ist, wird sich in der Regel jeder auf diese Bedingungen einstellen und eventuelle Finanzierungskosten einkalkulieren.

Wenn das Angebot eintrifft, überprüfen Sie sorgfältig anhand ihrer eigenen Anfrage oder des Briefings, ob alle Positionen und Konditionen berücksichtigt sind. Das Angebot sollte bis zur Rechnungsstellung nach dem Event Gültigkeit behalten. Sagen sie angefragten Leistungsträgern und Optionen fairerweise ab, wenn der Event gar nicht oder ohne diese stattfindet.

Sie werden feststellen, dass sich nicht alle Kosten über lange Zeiträume festschreiben lassen. Preiserhöhungen oder Währungsschwankungen lassen sich nicht immer voraussehen. Deshalb sollten Sie die Gültigkeit der Preise im Budget eindeutig definieren.

DIE FREMDLEISTUNGSEINZELKOSTEN SIND ALSO DIE KOSTEN, DEREN LEISTUNGEN NICHT DURCH SIE SELBST ERBRACHT UND AUCH NICHT DURCH SIE SELBST BERECHNET WERDEN.

Die verschiedenen Kostenarten

Wenn Sie als Veranstalter eine Agentur beauftragen, gehören selbstverständlich auch deren Honorare dazu. In allen Phasen eines Events können Fremdleistungskosten anfallen.

4.2.1 Fremdleistungseinzelkosten

VORBEREITUNGSKOSTEN	
Konzept	• Texte • Grafik • Visualisierung, 3D-Animation • Modellbau • Recherche, Vorreisekosten für Site-Inspection • Material
Bei Fremdvergabe	• Agenturhonorar
Teilnehmermanagement	• mit Entwurf, Druck, Konfektionierung und Versand von Einladungen • Telefon-Hotline • Event-Homepage
Kommunikation *besonders bei Public Events*	• Event-PR • Eventwerbung wie Plakate, Funk- und Fernsehspots
Sofern einzeln erfasst und nicht Gemeinkosten	• Telefon- und Faxkosten
Honorare für Freie	• Kreative Leistungen • Beratung • Planung • Betreuung
DURCHFÜHRUNGSKOSTEN	
Veranstaltung RAUMKOSTEN	• Miete incl. Auf- und Abbau sowie Probezeiten, Nebenkosten • Energiekosten • Möblierung • Reinigung • Brandwache, Sanitätsdienst, Sicherheit
ERSCHLIESSUNG	• Versorgung und Entsorgung

STROM, WASSER UND ABWASSER	• Stromaggregat • Heizungs- oder Klimaanlage • Verkehrserschließung
BÜHNE	• Bühnenbau • Bühnenbild • Raumdekoration
TON	• Tonanlage, Mikrofonie, Monitoring • Konferenztechnik • Simultantechnik • Instrumente/Backline (sofern nicht durch die Künstler gestellt)
LICHT	• Bühnenlicht • Effektlicht • Saallicht • Außenbeleuchtung • Notlicht
REDNERUNTERSTÜTZUNG	• Prompter • Bild- und Tonmonitor
EFFEKTE	• Laser • Feuerwerk
PROJEKTIONSTECHNIK (Medien)	• Video, Film oder Dia mit Projektoren und Leinwand • VidiWall, LED-Wand, Rückprojektionsboxen • Flatscreens, Monitore • Multimedia • Overheadprojektoren
AUSSTELLUNG	• Objekte • Präsentationsmittel • Ausstellungssystem • Beschriftung
AUSSTATTUNG	• Kostüme • Requisite • sonstige Möblierung

Die verschiedenen Kostenarten

Inszenierung	
Inszenierungshonorare	• Regie • Dramaturgie • Choreographie • Szenographie
Künstler/Act	• Gage oder Honorar für Künstler, Moderator, Referent
Gagennebenkosten	• Künstlersozialkasse • „Ausländersteuer"
Sonstige	• Maskenbildner • Stylist
Künstlermanagement	• Betreuung • Reise und Transfers • Unterkunft • Catering • Garderobe
Urheberrecht	• Tantieme • GEMA, AMK, SUISA etc.
Medienproduktion	
Video	• Drehbuch und Regie • Dreharbeiten mit Kamerateam • Schauspieler/Sprecher • Stockmaterial • Schnitt • Material • Sonstige • Charts
Dia	• Fotoshooting
Multivision	• Video und Dia
Charts	• Design • Text • Operator

DAS „WIE" DER KALKULATION

Gebühren	• Genehmigungen • Abnahme durch Behörden • Kollaudierung (Österreich und Schweiz) • Sperrstundenverkürzung • Tonträgergenehmigung • Tombola
Steuern	• Versteuerung des geldwerten Vorteils bei Incentives • Umsatzsteuer
Catering	• Teilnehmer und Personal/Crew • Speisen und Getränke • Geschirr, Bestecke, Tischwäsche, Tischdeko • Personal • Reinigung • Lagerung • Entsorgung • Infrastruktur wie mobile Küche
Guest-Management	• Namensschilder • Unterlagen • Give-aways • Hostessen und Hosts • Dienstkleidung • An- und Abreise • Transfers • Unterkunft • Verpflegung (siehe Catering)
Security	• Zugangskontrolle • Personenschutz
Versicherungen	• Veranstalterhaftpflicht • Kurzfristige Elekronikversicherung • Veranstaltungsausfall • Kurzfristige Unfallversicherung für Teilnehmer und Mitarbeiter • Kurzfristige Krankenversicherung für Teilnehmer und Mitarbeiter

DIE VERSCHIEDENEN KOSTENARTEN

Dokumentation	• Video oder Foto • Post Production • Nachbearbeitung und Vervielfältigung • Konfektionierung und Versand
Kommunikation	• Beschilderung und Beflaggung • Funkgeräte und Intercom
Personalmanagement	• Personalkosten • Versicherungen, Steuern und Abgaben • Arbeitserlaubnis • Dienstkleidung • Namensschilder • An- und Abreise, Transfers • Unterkunft • Verpflegung
Transporte	• Technik • Bühnenbild • Deko • Ausstellung • Material • Verzollung

NACHBEREITUNGSKOSTEN

Evaluation und Erfolgskontrolle	• Befragung • Auswertung • Dokumentation • Follow-up • Präsent

SONSTIGE KOSTEN

Finanzierungskosten	• Kredite • Bankbürgschaft

DAS „WIE" DER KALKULATION

Kalkulation der Mengen

Bei vielen Marketing-Events, insbesondere bei Corporate-Events, steht die Anzahl der Teilnehmer meistens im Voraus fest. Trotzdem ergeben sich immer wieder Ratespiele hinsichtlich der endgültigen Teilnehmerzahl. Ganz schwierig wird es dann, Leistungen wie Übernachtungen, Reisen oder Catering exakt zu berechnen. Hier sollten Sie immer eine gewisse Sicherheitsreserve einkalkulieren, auch wenn es immer eine gewisse Menge an kurzfristigen Absagen und No-Shows gibt.

Sicherheitsreserve einkalkulieren

Ein Problem haben Sie, wenn Sie diese Reserven stornieren. Stornogebühren und Ausfallkosten können Ihnen berechnet werden, weshalb sich das genaue Studium von Vertrags- und Allgemeinen Geschäftsbedingungen empfiehlt. Erstellen Sie demnach einen Plan, wann Sie die Kontingente mit dem Auftraggeber abstimmen und entsprechende Absagen rechtzeitig tätigen können.

kurzfristig Reserven zu stornieren kann Kosten verursachen

Preise beziehen sich oft auf bestimmte Quantitäten. Werden diese unterschritten, können höhere Einzelpreise anfallen, sodass eine Einsparung durch weniger Teilnehmer wieder wettgemacht werden kann.

Mengenpreise ausreizen

ALS AUFTRAGGEBER WOLLEN SIE NATÜRLICH SO FLEXIBEL WIE MÖGLICH SEIN, DER LEISTUNGSTRÄGER BRAUCHT DAGEGEN DIE MÖGLICHST FRÜHZEITIGE FIXIERUNG.

Je geringfügiger Veränderungen ausfallen, um so kulanter werden sich Ihre Leistungsträger wie Hotels und Caterer in der Regel zeigen.

Anzahlungen und Zwischenabrechnungen

Anzahlungen von Dienstleistern sollten Sie auf Vorableistungen und Sicherstellungen beschränken. Sie wissen schließlich nicht, ob der Ihnen unbekannte Caterer, der schon ein Jahr im Voraus alle Leistungen bezahlt haben will, beim Event überhaupt noch existiert. Andererseits ist es legitim, wenn er eine Vorauszahlung in Höhe des Wareneinsatzes berechnet oder ein Hotel auf einer Sicherheitsleistung besteht, weil es Ihnen zu seiner besten Auslastungszeit sämtliche Zimmer exklusiv zur Verfügung stellt.

Die verschiedenen Kostenarten

Viele Dienstleister erbringen ihre Leistung auch bereits im Vorfeld oder über einen längeren Zeitraum und nicht erst unmittelbar beim Event. Werden für Ihren Event aufwändige Dekorationen produziert oder Performances und Shows eigens inszeniert, sind angemessene Vorleistungen ebenfalls üblich. Das trifft ganz besonders auf die Eventagenturen zu. Abschlagszahlungen sind durchaus üblich und zum Beispiel auch in den Allgemeinen Geschäftsbedingungen der deutschen FME-Agenturen einheitlich geregelt. Sie können im Verlauf der Durchführungsphase bis zu einer Gesamthöhe von 90 Prozent des Auftragsvolumens betragen.

Abschlagszahlungen sind durchaus üblich

Bei hohen Vorauszahlungen sollten Sie bei unbekannten Geschäftspartnern eine Bankauskunft oder eine Anfrage bei der CREDITREFORM tätigen. Sie können auch eine Bankbürgschaft verlangen.

Handlingcharge

Die Agenturen erhalten für ihre unmittelbaren Leistungen wie Konzeption und Umsetzung ein Honorar. Darüber hinaus ist eine Handling-Charge für die oft aufwändige Betreuung der Dienstleister üblich, die auf die Fremdkosten aufgeschlagen wird und üblicherweise zwischen 10 und 20 Prozent dieser Fremdkosten liegt.

4.2.2 Die Selbstkosten

Das sind die Kosten, die Ihnen beim Event für ihre eigenen Leistungen entstehen. Dazu gehören Sach- und Personalkosten sowie die Gemeinkosten.

Kosten, die Ihnen beim Event für ihre eigenen Leistungen entstehen

	Personaleinzelkosten
+	Sacheinzelkosten
+	Gemeinkosten
=	SELBSTKOSTEN

Wenn Sie als Unternehmen einen eigenen Event durchführen, ist die Kalkulation und Erfassung dieser Kostenart nicht nur für die eigene Auswertung wichtig, sondern sie hilft Ihnen auch bei der Entscheidung, ob es wirtschaftlicher ist, eine Agentur zu beauftragen. Als Agentur oder Freier müssen Sie diese Kosten ebenfalls berechnen, denn Sie wollen ja auf ein Projekt nicht draufzahlen, sondern etwas daran verdienen.

Make or buy?

DAS „WIE" DER KALKULATION

Personalkosten zu planen ist schwieriger als Sachkosten einzuschätzen

Die reinen projektbezogenen Sachkosten wie Reisekosten oder die spezielle Anschaffung von Geräten lassen sich noch einfach umfassen. Aber wie schätzen Sie den Personalaufwand im Vorfeld realistisch ein?

Personaleinzelkosten
Es gibt kleine äußerst aufwändige und betreuungsintensive Veranstaltungen und große Routineprojekte. Bei unterschiedlich hohen Budgets erfordern sie dann doch die gleiche Man-Power. Man kann sich also ziemlich leicht verschätzen, wenn man nicht alle Umstände eines Events in Betracht zieht. Nichts hilft Ihnen dabei mehr als die Erfahrung.

GANZ WICHTIG IST ES, DAS KOMPLEXE PROJEKT IN SINNVOLLE UND ÜBERSCHAUBARE ARBEITSSCHRITTE ZU GLIEDERN. SCHÄTZEN SIE DEREN ZEIT UND DEN ENTSPRECHENDEN PERSONALBEDARF.

Wie lange brauchen Sie, um eine passende Location in London, Paris oder Köln zu finden, anzufragen, zu optionieren, zu besichtigen und die weiteren Schritte bis zur Veranstaltung zu koordinieren?

Orientieren Sie Ihre Planung an den Phasen des Lebenszyklus des Events

Beim Event selbst sind diese Positionen durch den festgelegten Zeitraum einfacher zu berechnen. Vergessen Sie die Auf- und Abbau- oder Probenzeiten nicht. Gehen Sie sämtliche Phasen im Lebenszyklus eines Events sorgfältig durch.

Lebenszyklus eines Events — **PRAXIS**

VORBEREITUNG	Beratung
	Briefing
	Recherche
	Konzeption
	Planung
	Controlling
	Design
	Zwischenabrechnung

DIE VERSCHIEDENEN KOSTENARTEN

DURCHFÜHRUNG	Betreuung Produktion Organisation Dokumentation
NACHBEREITUNG	Abwicklungsorganisation Dokumentationsaufbereitung Evaluation Schlussabrechnung

Die jeweiligen Personaleinzelkosten sind natürlich unterschiedlich hoch, denn jeder beteiligte Mitarbeiter kostet Sie unterschiedlich viel.

Um zu ermitteln, wie die realen Kosten sind, müssen Sie entweder die gesamten Personalkosten der Mitarbeiter von der Chefin bis zum Projektassistenten zugrunde legen oder Sie nehmen dazu bei Angestellten die gesamten Personalkosten. Vergessen Sie dabei auch nicht die Arbeitgeberanteile zur Sozialversicherung. Gehen Sie von etwa 220 Arbeitstagen inklusive Urlaubszeiten und möglichen Krankheitstagen (5 Prozent) aus.

Teilen Sie die Personalkostensumme durch die realen Arbeitstage, so erhalten Sie die Tageseinzelkosten. Teilen Sie diese wiederum durch acht Stunden, so ergeben sich die Stundensätze auf der Kostenseite.

TÄTIGKEIT	STUNDENSATZ IN EURO
Chefberatung	200
Projektleitung oder Kreation	100
Projektassistenz	75
Organisation und Verwaltung	50

Die in der Tabelle angegebenen Sätze sind abhängig von der Gehaltshöhe, die je nach Agentur oder Unternehmen nach oben oder unten variieren können.

Das „Wie" der Kalkulation

Wenn Sie für eine Agentur die Kosten und Preise kalkulieren, müssen Sie zudem bedenken, dass kein Mitarbeiter auf 100 Prozent verkaufte Arbeitstage kommt. Ein Teil der Arbeit ist Akquise oder allgemeine Verwaltung, was zu den Gemeinkosten zählt.

Es ist wichtig, die geleisteten Zeiten zu erfassen

Während aller Phasen des Events ist es wichtig, die geleisteten Zeiten zu erfassen. Nur so können Sie in Zwischen- und Nachkalkuation die Wirtschaftlichkeit kontrollieren und als Agentur die Leistungen abrechnen. Auch bei einer Leistung, die pauschal honoriert wird, sollten Sie die Zeiten checken.

Sacheinzelkosten

Kosten für Sachleistungen, die ausschließlich für den Event anfallen

Das sind die Kosten für Sachleistungen, die ausschließlich für den Event anfallen. Das sind Reisekosten oder die Anschaffung von speziellen Geräten oder Gegenständen, die nur für diesen Event benötigt werden.

Gemeinkosten

Kosten, die sich nicht auf die zu erbringende Leistung anrechnen lassen

Neben diesen Einzelkostenarten gibt es noch die Gemeinkosten. Das sind Kosten, die sich nicht auf die zu erbringende Leistung beziehen und anrechnen lassen. Dazu gehören bei einer Agentur die Akquisekosten und natürlich Büromieten oder Gebäudekosten, allgemeine Betriebsversicherungen, aber auch Telefon- und Kommunikationskosten, wenn Sie diese einem Projekt nicht unmittelbar zuordnen können.

Man unterscheidet echte und unechte Gemeinkosten:

Echte Gemeinkosten — **PRAXIS**

INVESTITIONEN	• Büroausstattung • IT • Fuhrpark (sofern Fahrtkosten nicht auf Projekte anrechenbar sind)
BETRIEBSVERSICHERUNGEN	• Sachversicherungen • Unfallversicherungen

Die verschiedenen Kostenarten

	• Haftpflicht • Rechtschutz
STEUERN	• Unternehmenssteuern
GEBÄUDEKOSTEN	• Gebäude • Miete oder kalkulatorische Miete bei eigenem Gebäude • Reinigungs- und Instandhaltungskosten • Energie, Ver- und Entsorgung
WERBUNG/PR	• Imageanzeigen • Werbemittel • PR
PERSONALKOSTEN (die nicht direkt den Projekten zuzuordnen und damit Einzelkosten sind)	• Verwaltung • Akquise • Empfang
SONSTIGE	• Allgemeine Verwaltungskosten • Abschreibungen
Unechte Gemeinkosten (der Aufwand, diese Kosten einzeln zu erfassen, ist so hoch, dass man sie als Unechte Gemeinkosten berechnet)	• Telefon • sonstige Kommunikationskosten • Kopien etc.

Selbstkosten

Erfassen Sie sorgfältig alle Gemeinkosten. Anhand der Personaleinzelkosten und Sacheinzelkosten ist es möglich einen prozentualen Gemeinkostenanteil zu berechnen, der je nach Höhe der Einzelkosten unterschiedlich ausfällt.

DAS „WIE" DER KALKULATION

AGENTURKOSTEN P. A.:

Personaleinzelkosten	900.000 Euro
Sacheinzelkosten	+ 100.000 Euro
SUMME	1.000.000 Euro
Gemeinkosten	200.000 Euro

Um den Gemeinkostenanteil auszurechnen, nehmen Sie die Formel:

$$\frac{\text{Gemeinkosten} \cdot 100}{\text{Personaleinzelkosten} + \text{Sacheinzelkosten}} = \text{Gemeinkostenanteil in Prozent}$$

In unserem Beispielfall ergibt sich also ein Gemeinkostenanteil von:
200.000 mal 100 durch 1.000.000 = 20 %

Um nun die Selbstkosten für die Vorkalkulation eines Projektes zu ermitteln, rechnen Sie z.B. aus Ihren Vorjahreszahlen den Gemeinkostenanteil aus. Kehren wir zu dem fiktiven Satz von 20 % aus dem Beispiel zurück.
Betragen die Einzelkosten bei einem Projekt 400.000 Euro Personaleinzelkosten und 100.000 Euro Sacheinzelkosten, so ermitteln Sie die Selbstkosten wie folgt:

Personaleinzelkosten	400.000 Euro
Sacheinzelkosten	+ 100.000 Euro
SUMME	500.000 Euro
Gemeinkostenzuschlag von 20 %	+ 100.000 Euro
SELBSTKOSTEN	600.000 Euro

Dieses Verfahren heißt summarische Zuschlagskalkulation.

Die verschiedenen Kostenarten

Gesamtkosten

Führt ein Unternehmen einen Event alleine durch, so ergeben sich aus den Selbstkosten zuzüglich den Fremdkosten die Gesamtkosten.

Selbstkosten		600.000 Euro
Fremdkosten	+	600.000 Euro
GESAMTKOSTEN		**1.200.000** Euro

Gewinnzuschlag

Eine Agentur lebt nicht nur von der Zuneigung der Kunden. In der Marktwirtschaft muss sie und wollen ihre Eigentümer Gewinn machen.

Da ist nun eine rein unternehmerische Entscheidung zu treffen. Was gibt der Markt her? Wie bin ich positioniert? Will ich einen Auftrag und damit einen Kunden durch Dumping gewinnen?

Jetzt können Sie aus der Tabelle der Personaleinzelkosten auch eine Angebotspreisliste für Ihre Stundensätze erstellen.

Stundensatz			
Tätigkeit	Angebot bei 10 % Gewinnzuschlag	Selbstkosten bei 20 % Gemeinkostenzuschlag	Einzelkosten
Chefberatung	264	240	200
Projektleitung oder Kreation	132	120	100
Projektassistenz Organisation	99	90	75
und Verwaltung	66	60	50

Den jeweiligen Tagessatz errechnen Sie so:
Tagessatz = Stundensatz mal 8

Angebotspreis oder das Budget

Der Angebotspreis für den Auftraggeber setzt sich also zusammen aus:

Selbstkosten
(Personal- und Sachleistungseinzelkosten)
+ Gemeinkosten
+ Gewinnzuschlag
+ Fremdleistungskosten
+ Handlingcharge

= ANGEBOTSPREIS

Ins Angebot gehören natürlich auch die Zahlungsbedingungen. Das Thema Abschlagszahlungen habe ich ja bereits erwähnt. In der Regel erfolgt für Agenturen die unmittelbare Abrechnung nach dem Projekt. Zahlungsziele sind nicht üblich.

Ein Budget oder ein Angebot sollte aus folgenden Positionen bestehen:

> **Das Angebot** **PRAXIS**
>
> - Agenturleistung oder Eigenleistung
> - Fremdleistung evtl. zuzügl. Handlingcharge
> - Sonstige Kosten wie Finanzierungskosten
> - Evtl. Umsatzsteuer auf Agentur- und Fremdleistung
> - Zahlungsbedingungen

Pauschalierung oder Abrechnung nach Aufwand?

Auftraggeber wollen die Kosten durch Pauschalvereinbarungen im Griff behalten. Denn nicht alle Agenturen halten sich an den für ihre Leistung im Angebot geschätzten Aufwand. Dafür kann es auch gute Gründe geben, die der Kunde sogar selbst zu vertreten hat, wenn etwa zusätzliche Leistungen verlangt werden.

Sinnvoll ist eine Pauschalierung für die Konzepterstellung. Im Kapitel „Konzept" (Kap. 1.2, S. 52) finden Sie eine Tabelle mit entsprechenden Honorarsätzen.

Die Umsatzsteuer bei den Kosten

Unternehmen und Agenturen sind wirtschaftliche Betriebe, die in der Regel der Umsatzbesteuerung unterliegen. Wenn sie zum Vorsteuerabzug berechtigt sind, so ist es üblich nur

Die verschiedenen Kostenarten

die Netto-Preise zu kalkulieren. Doch hier sollten Sie besonders Acht geben. Bei Events im Ausland fallen bei den Fremdleistungen andere und oft höhere Sätze als in Deutschland, Österreich oder in der Schweiz an. Der Vorsteuerabzug ist kompliziert und die nachträgliche Erstattung oft langwierig.

Dazu kommt, dass Unternehmen wie Banken und Versicherungen selbst nicht umsatzsteuerpflichtig sind und auch keinen Vorsteuerabzug vornehmen können. Die Budgetvorgaben sind in diesen Fällen brutto, also inklusive der Umsatzsteuer. Das gilt natürlich auch für öffentliche Auftraggeber wie Ministerien und Behörden.

Einnahmen

Immer mehr Unternehmen haben ein Interesse daran, ihre Marketing-Events durch Eintritts- oder Sponsoringerlöse teilweise oder gänzlich gegenzufinanzieren.

Kalkulieren Sie die möglichen Erlöse realistisch ein. Ist die Zielgruppe bereit, den geplanten Eintrittspreis auch wirklich zu zahlen? Gibt es vergleichbare Erfahrungswerte?

Wenn Sie Eintrittsgelder erheben, können diese sich zusätzlich verteuernd auswirken. Die Urheberrechtsabgaben wie GEMA, AKM und SUISA steigen mit der Höhe der Eintrittsgelder. Und in einigen Bundesländern müssen Sie vielleicht sogar noch Vergnügungssteuer abführen.

Kalkulieren Sie die möglichen Erlöse realistisch ein

Das Thema Gegenfinanzierung und Sponsoring ist so komplex, dass es ein eigenes Buch verlangt.

Umsetzung inhouse

Wägen Sie genau ab, ob Sie ein Projekt inhouse realisieren. Bedenken Sie, dass neben den eigenen Personalkosten weitere Kosten anfallen, für Finanzierungen, Bereitstellungen und Risikoausgleich. Und fragen Sie sich ehrlich, ob Sie mit der Erfahrung und Professionalität einer Agentur mithalten können.

Wir haben nun genug über Geld geredet? Sie wissen jetzt, wie man ein Budget kalkuliert und ein Konzept kreiert. Nun wird es Zeit, den Event auch endlich stattfinden zu lassen. Und das verlangt wieder sorgfältige Planung.

5 Das „Wie" von Planung und Organisation

Events sind Projekte

Events sind Projekte. Sie haben einen Anfang, ein Ende und eine Menge unterschiedlich wichtiger Zwischenschritte. Mit Hilfe eines Projektmanagements lassen sie sich, egal wie komplex sie sind, erfolgreich organisieren.

spezielle Eventsoftware

Es gibt verschiedene Softwarelösungen, die Sie unterstützen. Darunter findet sich auch spezielle Eventsoftware. Leider beschränkt diese sich überwiegend auf eine bestimmte Teilaufgabe, nämlich die Teilnehmerverwaltung. Bei großen Events und erst recht bei Veranstaltungen, bei denen Teilnehmergebühren erhoben werden, sind das die richtigen Lösungen, da sie außerdem auch schon Tools für Rechnungsstellung und Mahnwesen enthalten. Es gibt eigene Programme für die Planung von Auftritten und von Tourneen, die eher für Künstleragenturen geeignet sind. Die „Eventmarketing-Event-Software" für ALLE Anforderungen gibt es allerdings noch nicht.

Dafür finden Sie auf dem Markt allgemeine Projektmanagementprogramme wie MS PROJECT™ von MICROSOFT™, mit denen sich nicht nur der Bau eines Tankschiffs oder einer Marsrakete sondern auch eine Jubiläumsfeier oder Roadshow steuern lässt. Eine solche Lösung kann zwar die komplexesten Vorgänge abbilden, aber das Anlegen eines Projekts verlangt immer noch erhebliche geistige Vorarbeit.

Gute Erfahrungen habe ich persönlich mit einer Projektmanagementsoftware gemacht, die die sehr einfache und vertraute „Benutzeroberfläche" der klassischen Organizer hat. Das ist das Organizerprogramm TASK-TIMER® *(www.tasktimer.de)*. Mit ihm lassen sich nicht nur ganz normale Termine und Aufgaben verwalten, sondern auch, aus dem Kalender heraus, Projekte anlegen, verwalten und steuern.

Die computerlose Zeit liegt eigentlich noch nicht so lange zurück. Und auch damals organisierte man Events. Also vergessen Sie ruhig einmal die Software und beginnen wir mit dem Eventprojektmanagement von Hand.

Alle großen Aufgaben, ob Weltumrundung zu Fuß, Marslandung oder Händlertagung sind komplex und scheinen zu An-

Das „Wie" von Planung und Organisation

fang unüberwindlich. Der Trick besteht darin, das Projekt in kleine überschaubare Schritte einzuteilen.

Das Projekt in kleine überschaubare Schritte einteilen

Fangen Sie damit an, dass Sie für Ihr Projekt einen Projektordner anlegen. Das sollten Sie nicht nur virtuell auf der Festplatte Ihres Computers, sondern auch physisch in einem altmodischen Aktenordner tun. Dort sammeln Sie alle Vorgänge, den Schriftverkehr, Pläne usw., also alles, was das Projekt betrifft.

Dazu sollten Sie den Ordner mithilfe von Registerseiten so unterteilen, dass auch ein Fremder mithilfe eines Inhaltsverzeichnisses die Informationen suchen und finden kann, die er benötigt.

Ordnen Sie die Schriftstücke in den einzelnen Registern in umgekehrter Chronologie, sodass die jeweils aktuellsten Beiträge immer oben liegen. Das erleichtert das Nachschlagen. Um die Übersichtlichkeit zu wahren, nehmen Sie dann in den einzelnen Registern wiederum Unterteilungen nach Untervorgängen oder einzelnen Lieferanten vor.

So könnte das Inhaltsverzeichnis Ihres Projektordners aussehen:

Beispiel für das Inhaltsverzeichnis Ihres Projektordners

PRAXIS

Inhaltsverzeichnis Projektordner

1. ORGANIGRAMM Projektverantwortliche mit Funktionen und Kompetenzen
2. KONTAKTLISTE Namen, Anschriften, Telefon, Fax und E-Mailadressen von Projektverantwortlichen, Dienstleistern und Ansprechpartnern
3. KUNDE Schriftverkehr
4. KONZEPT
   4.1 Briefing
   4.2 Rebriefing
   4.3 Ideenskizze
   4.4 Konzept
   4.5 Recherche
   4.6 Präsentation

5. Protokolle	5.1	Meetingprotokolle
	5.2	Besuchsberichte
	5.3	Aktennotizen
6. Aufgaben	6	Checkliste
7. Ablauf	7.1	Regieplan
	7.2	Drehbuch
	7.3	Moderationsleitfaden
8. Pläne	8.1	Raumpläne
	8.2	Bestuhlungspläne
	8.3	Anfahrtsbeschreibungen
9. Finanzen	9.1	Kalkulation
	9.2	Ausgangsrechnungen
	9.3	Eingangsrechnungen
10. Gewerke	10.1	Teilnehmer
	10.2	PR und Werbung
	10.3	Programm/Acts
	10.4	Location
	10.5	Ausstattung (Bühnenbau/Dekoration)
	10.6	Ton
	10.7	Licht
	10.8	Medien
	10.9	Hotel
	10.10	Catering
	10.11	Transporte
	10.12	Personal
	10.13	Give-aways und Follow-up
	10.14	Dokumentation
	10.15	Genehmigungen
	10.16	Versicherungen
	10.17	GEMA/AMK/SUISA und Künstlersozialkasse
	10.18	Steuern

AUFGABEN

Es gibt bei jedem Projekt Aufgaben mit jeweiligem Anfang und Ende sowie Einzeltermine. Besonders wichtige Termine sind Meilensteine.

5.1 Aufgaben

Nehmen Sie das Konzept und die Kalkulation als Ausgangsbasis. Darin sind alle Aufgaben wie Einladungsprozedere, Programm, Inszenierung, Reisen, Catering oder Hotels beschrieben oder aufgelistet.

Nehmen Sie das Konzept und die Kalkulation als Ausgangsbasis

Erinnern Sie sich noch an das Mind-Mapping aus der Konzeptphase (siehe Teil D, Kap. 2.2.5)? Ob mit oder ohne Softwareunterstützung, auch damit können Sie sehr gut die Aufgaben erfassen und so darstellen, dass nicht eine ellenlange Liste, sondern eine übersichtliche Map mit den Aufgaben vor Ihren Augen liegt.

GERADE WENN SIE SELBST NICHT AUTOR DES KONZEPTS WAREN, ERFASSEN SIE IN EINER MIND MAP DAS PROJEKT ANSCHAULICH UND ÜBERSICHTLICH, OHNE DABEI WICHTIGE INFORMATIONEN ZU VERGESSEN.

Das kann dagegen leicht geschehen, wenn Sie linear mit Listen beginnen.

Ein Mind Map ist übersichtlicher als eine lineare Liste

Oft empfiehlt es sich, zum Beispiel bei aufwändigen Showacts oder Gewerken wie der Technik, das Projekt wiederum in einzelne Unterprojekte aufzuteilen.

Der althochdeutsche Begriff „Gewerk" bedeutet das einzelne „Handwerk". Und das gibt es, wie die Zimmerleute oder Maurer beim Hausbau auch beim Marketing-Event: Technik, Catering, Bühnenbau ...
Nach dem Erfassen der einzelnen Schritte, und das sind oft hundert und mehr, bringen Sie diese in eine Chronologie.
Am besten ist die Einteilung in einen chronologischen Verlaufsstrahl, der mit dem Start beginnt und einem definierten Ende abschließt. Dazwischen sind die relevanten Aufgaben als Meilensteine zu definieren. Die weiteren Aufgaben oder Termine kommen hinzu.

Einteilung in einen chronologischen Verlaufsstrahl

Das „Wie" von Planung und Organisation

Hier der vergröberte Verlaufsstrahl eines Projektes für ein Marketing-Event mit konkreten Aufgaben und Terminen.

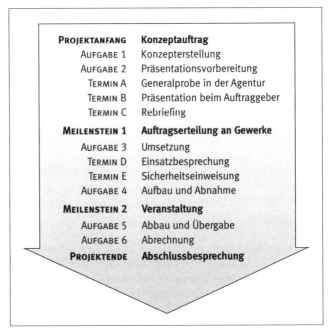

PROJEKTANFANG	Konzeptauftrag
AUFGABE 1	Konzepterstellung
AUFGABE 2	Präsentationsvorbereitung
TERMIN A	Generalprobe in der Agentur
TERMIN B	Präsentation beim Auftraggeber
TERMIN C	Rebriefing
MEILENSTEIN 1	**Auftragserteilung an Gewerke**
AUFGABE 3	Umsetzung
TERMIN D	Einsatzbesprechung
TERMIN E	Sicherheitseinweisung
AUFGABE 4	Aufbau und Abnahme
MEILENSTEIN 2	**Veranstaltung**
AUFGABE 5	Abbau und Übergabe
AUFGABE 6	Abrechnung
PROJEKTENDE	**Abschlussbesprechung**

Abb. 28: Chronologischer Verlaufsstrahl eines Projektes

5.2 Termine

Planen Sie ausreichend Zeit für mögliche Änderungen ein

Setzen Sie alle Termine so frühzeitig an, dass in der geplanten Zeitspanne sowohl zufrieden stellende Ergebnisse erreicht als auch sich als notwendig erweisende Änderungen noch umgesetzt werden können. Bereiten Sie die Meetings entsprechend vor und erstellen Sie eine Tagesordnung. Laden Sie alle Personen ein, die für die Aufgabe oder das Erreichen eines bestimmten Ergebnisses wichtig sind. Halten Sie die Resultate in Ergebnisprotokollen fest.

5.3 Teamwork

Legen Sie zu Beginn des Projektes die Verantwortlichkeiten und Kompetenzen in einem Organigramm fest.

Information und Dokumentation

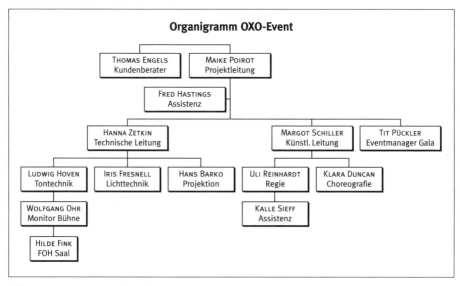

Abb. 29: Organigramm: Wer hat wem was zu sagen?

5.4 Information und Dokumentation

Organisieren Sie ein Projekt so, dass Sie als Organisator eigentlich überflüssig sind. Dazu müssen alle wichtigen Informationen kommuniziert werden. Man kann selten zu viel, aber leicht zu wenig informieren. Verstehen Sie die Kommunikation als einen ständigen Prozess.

Machen Sie sich als Organisator überflüssig

VERTEILER
Wer braucht sämtliche Informationen?
Wer benötigt lediglich Teilinformationen?

INFORMATIONSMITTEL
- Telefonat
- Brief/Fax/E-Mail
- Telefonkonferenz
- Videokonferenz
- Meeting

Dokumentieren Sie alle Schritte im Projektordner. Verfassen Sie bei wichtigen Telefonaten einen Aktenvermerk. Bei kauf-

Dokumentieren Sie alle Schritte im Projektordner

männisch und juristisch relevanten Themen sollten Sie eine Mitteilung an die relevanten Beteiligten per Brief oder Fax versenden. Bei E-Mails verlangen Sie eine virtuelle Lesebestätigung

HALTEN SIE DAS ERGEBNIS EINES MEETINGS IN EINEM PROTOKOLL FEST, DAS SIE DEN TEILNEHMERN ANSCHLIESSEND ZUR VERFÜGUNG STELLEN.

Holen Sie sich vom Auftraggeber immer eine schriftliche Freigabe

Geben Sie wichtige Vorgänge, Ergebnisse und Änderungen ausdrücklich frei. Das kann auch schon im Protokoll vermerkt werden. Und holen Sie sich vom Auftraggeber immer eine schriftliche Freigabe, vor allem für Druckvorlagen, Pläne und Kostenänderungen. Achten Sie aber auch darauf, wer überhaupt juristisch vertretungsberechtigt ist, sonst nützt Ihnen im Streitfall die schönste Unterschrift rein gar nichts.

DOKUMENTATION
- Aktenvermerk
- Gesprächsprotokoll
- Freigabe

5.5 Prioritätensetzung und Delegation

Nicht alle Aufgaben und Termine eines Projektes sind gleich wichtig oder gleich dringend. Es bedarf allerdings schon einiger Erfahrung um herauszufiltern, wie wichtig nun welche Stationen in der Planung sind. Im größten Stress, also zum Beispiel während einer Probe, wenn Techniker, Kunde, Caterer und Künstler gleichzeitig auf den Eventmanager einreden, ist es wichtig einen kühlen Kopf zu bewahren und die in diesem Augenblick relevanten von den irrelevanten Aufgaben zu unterscheiden. Wer schon einmal ein Assessment-Center mitgemacht hat, kennt das Problem mit der Postkorbaufgabe.

Bei der Gewichtung der Aufgaben hilft mir die so genannte „Eisenhower-Regel" besser als die sonst üblichen hierarchischen Einteilungen wie Priorität 1 bis 5 oder niedrig, mittel und hoch.

PRIORITÄTENSETZUNG UND DELEGATION

Termine oder Aufgaben lassen sich grundsätzlich auf zwei Kategorien reduzieren, nämlich „wichtig" und „dringend". Und auf deren Negation: „unwichtig" und „nicht dringend". Auf diesem Prinzip lässt sich eine einfache Matrix aufbauen.

	wichtig	unwichtig
dringend	Bei einer Aufgabe oder einem Termin, der wichtig und dringend ist, muss ich sofort persönlich reagieren.	Eine Aufgabe oder ein Termin sind nicht wichtig, aber dringend. Hier muss zwar aus Zeitgründen reagiert werden, das kann ich aber delegieren. Und ich muss sie hinter Priorität A zurückstellen.
nicht dringend	Aufgaben oder Termine sind wichtig, aber nicht dringend. Hier muss ich nicht unmittelbar reagieren, sondern kann die Erledigung verschieben oder delegieren.	PAPIERKORB Wenn Aufgaben oder Termine unwichtig und nicht dringend sind, dann gehören sie schlicht in den Papierkorb.

Abb. 30: Aufgabenpriorisierung in der Eisenhower-Matrix

Diese Einteilung ist aber nicht statisch für die gesamte Projektdauer zu sehen, denn die Kategorien von Aufgaben und Terminen ändern sich im Projektverlauf. Was am Anfang zum Beispiel noch überhaupt nicht dringend war, wird vor dem Endtermin plötzlich sehr dringend.

5.5.1 Checkliste

Tragen Sie Termine und Aufgaben in eine Checkliste.

Halten Sie Termine und Aufgaben in einer Checkliste nach

Wenn Sie keine Projektmanagementsoftware verwenden, empfiehlt sich das Anlegen einer Tabelle mit Programmen, die über eine automatische Sortiermöglichkeit verfügen. In MS EXCEL™ oder der Tabellenfunktion von MS WORD™ sind diese vorhanden. So können Sie neue Aufgaben und Termine einfach am Ende der Tabelle eintragen und das Programm sortiert die Checkliste auf Mausklick wieder chronologisch. Oder Sie können sich die Liste nach den Dienstleistern sortieren lassen. So lassen sich auf sehr einfache Weise mit den vorher selektierten Terminen und Aufgaben übersichtliche Auszüge erstellen.

Das „Wie" von Planung und Organisation

Checkliste

Projekt: OX-01
Kunde: OXO-Versicherung
Event: OXO-Tagung
Termin: 01.04.200X
Erstellt durch: Maike Poirot (MP)

NR.	ERLEDIGEN BIS	DURCH	GEWERK	JOB	PRIORITÄT	LIEFERANT	OK AM	ZAHLUNGEN IN EURO
1	02.01.	MP	Agentur	Auftragserteilung an Gewerke	A		02.01.	
2	05.01.	Kunde	Location	Anzahlung Locationmiete	B	Halle	30.12.	4.250 5.950 Rest
3	05.01.	Kunde	Hotel	Anzahlung Leistungen Hotel und Catering	B	Hotel Litton	02.01.	22.500 182.980 Rest
4	15.02.	MP	Programm	Option umwandeln in Verträge für Künstler	A	Agentur Zauberland	15.02.	
5	15.02.	MP Kunde	Catering	Klären: Speisen und Getränke	C	Caterer	12.02.	
6	28.02.	MP	Hotel	Verbindliche Reservierung Hotel für VIP-Act	A	Hotel Savoy		
7	01.03.	Kunde	Einladung	Klären: Inhalt und Layout Einladung	B	Werbeagentur		
8	28.03	MP	Team	Einsatzbesprechung	A			
9	29.03	MP	Technik, Bühne, Deko	Aufbautag 1	A	Verleiher Dekorateur Bühnenbauer		
10	30.03.	MP	Technik, Bühne, Deko	Aufbautag 2 Abnahme, Probe	A	Technik, Tänzer		
11	31.03.	MP	Technik, Bühne, Deko	Probetag	A	Technik Tänzer Band		

Abb. 31: Checkliste zum Nachhalten der Aufgaben

PRIORITÄTENSETZUNG UND DELEGATION

5.5.2 Regieplan

Der Regieplan beschreibt den Ablauf der Veranstaltung und enthält Handlungsanweisungen und Einsätze für die Inszenierung und Organisation des Events. Da es in der Location während der Veranstaltung in der Regel nicht gerade hell ist, empfiehlt es sich bei kompliziertem Bühnengeschehen Visualisierungen in Form von Skizzen oder Scribbles hinzuzufügen.

Handlungsanweisungen und Einsätze für die Inszenierung und Organisation des Events

Es ist schade, dass es noch keine fluoreszierende Tinte oder Toner gibt. Nehmen Sie deshalb einfach Schriftgrößen von mindestens 10 Punkt aufwärts, damit Techniker, auch im Blackout einer Lichtstimmung, an ihrem spärlich beleuchteten Regieplatz ihren Einsatz noch erkennen können.

Beim Theater, ist es einfacher. Dort gibt es ein strukturiertes Stück mit genauen Akt- und Szenenangaben und auch exakte Stichworte, auf die hin sich Einsätze für die Gewerke wie Lichtwechsel oder Umbauten definieren lassen. Und es gibt vernünftige Probezeiten, sodass physische Stichpunkte, wie eine Geste, auch noch funktionieren.

Verglichen mit einem Theaterstück ist ein Marketingevent dagegen viel gröber geplant.

MIT DEM ABLAUFPLAN HABEN SIE EIN INSTRUMENT IN DER HAND, DURCH DAS SIE DIE EINSÄTZE PRÄZISE FESTLEGEN KÖNNEN: WER WAS WANN TUN MUSS.

Legen Sie für die Zeiten, Aufgaben und Gewerke einzelne Spalten an. Um bei Besprechungen oder Proben die einzelnen Positionen einfacher finden zu können, sollten Sie die erste Spalte fortlaufend durchnummerieren. Mehr Spalten, als auf eine DinA4-Seite im Querformat passen, sollten Sie jedoch nicht fixieren, da der Plan sonst zu unübersichtlich wird.

Um sich die Arbeit zu erleichtern, sollten Sie den Regieplan in einem Tabellenkalkulationsprogramm anlegen. Bei den Zeitangaben können Sie dann nämlich Formeln programmieren, welche die Uhrzeiten automatisch ausrechnen. Beim Anlegen des Plans und auch bei den Änderungen, die sich trotz bester Planung immer ergeben, spart das Zeit.

Das „Wie" von Planung und Organisation

	von	bis	Dauer	Programm	Raum	Act	Hintergrund	Ton	Licht	Medien	Catering	Gäste	Orga
0	08.00	09.00	01.00	Stand-by									Probe im Saal
1	09.00	09.30	00.30	Get-together	Foyer	Jazztrio	ab 09.15 Einlasssituation im Saal		Einlassstimmung	FOH, Mikrofonie	Sektempfang	Registrierung	Zimmerverteilung; Give-aways i. d. Hotels
2	09.30	09.45	00.15	Einlass	Saal	Einlasssituation		CD-Ambiente	Einlassstimmung	Trailer 1		Geleitung der Hostessen	
3	09.45	09.50	00.05	Auftakt	Saal	Show	Ankunft und Abfahrt VIP, Dr. Waldo	von Video	Stimmung 1–12	Trailer 2	Vorbereitung Kaffeepause		
4	09.50	10.00	00.10	Begrüßung	Saal	CEO, Dr. Fliege		Clip-Mikro	Stimmung 13	Charts 1–6			
5	10.00	10.02	00.02	Moderation	Saal	Tina Ruhe		Headset					
6	10.02	10.10	00.08	Performance	Saal	Future-Dance		Future-Band	Stimmung 14–20	Trailer 3	Bereitschaft		
	etc.	etc.	etc.	etc.		etc.	etc.	etc.	etc.	etc.	etc.	etc.	etc.

Abb. 32: Regieplan

PRIORITÄTENSETZUNG UND DELEGATION

5.5.3 Drehbuch

Für Redner, Moderatoren und Akteure empfehle ich das Anlegen eines richtigen Drehbuchs. Darin sind die wichtigsten inszenatorischen Angaben aus dem Ablaufplan enthalten und zusätzlich die Texte von Moderator, Rednern und Akteuren. Aufs Stichwort können Sie so Regieanweisungen wie Beleuchtungswechsel, Medieneinsätze oder Charts steuern.

Beispiel für ein Drehbuch

LOCATION	ZEIT	REGIEHINWEIS/MODERATION
Saal	09.15 Uhr	**DR. JÖRG FLIEGE** „Guten Morgen, meine sehr geehrten Damen und Herren! Ich begrüße Sie herzlichst im Namen der OXO-Versicherung. Es wird ein spannender Tag werden."
	Chart 1	**PROGRAMMÜBERSICHT** „Lassen Sie mich nicht ins Detail gehen ... Ich wünsche Ihnen Anregungen und Spaß. Und übergebe nun an die Moderatorin Tina Ruhe."
	10.00 Uhr	**TINA RUHE** „Vielen Dank Herr Dr. Fliege. Auch von mir ein herzliches Willkommen. Doch bevor ich mich festrede, nehme ich Sie mit auf eine phantastische Reise in die Zukunft."
	10.02 Uhr	**TANZ-PERFORMANCE**
Ballsaal im Hotel Tontechnik: BK _{1 Handheld Wireless 1 Clip-Wireless Mischpult} Lichttechnik Hotel	17.00 Uhr	**DEKORATION BÜHNE** BARNEY, FRED: Banner anbringen, Rednerpult für 1.5 fertig machen mit Schild, Grünpflanzen vom Hotel **TECHNIK** Regie vor Bühne mit hoteleigenen Paravents FRED: Licht einrichten BART: Ton einrichten

Ballsaal im Hotel	18.00 Uhr	**DEKORATION** FRED: Beschilderung	
Hotelrezeption	ab 18.45 Uhr	**EINTREFFEN VIP** TOM: Begrüßung	
Hotelrezeption	ab ca. 18.50 Uhr	**BEGRÜSSUNG DER GÄSTE** TOM: Hilfestellung Zimmersuche SELMA/LOUISE: mit Ankunft der Busse KUNDEN-TEAM: Betreuung	
Argentine	19.30 Uhr	**TISCHDEKORATION** SELMA/LOUISE oder HOTEL TOM: Kontrolle Dinner und Feuerwerk	
Garderobe	ab 20.20 Uhr	**GARDEROBE** SELMA/LOUISE **ANKUNFT DER GÄSTE AUS HOTEL 2** TOM: Betreuung KUNDEN-TEAM: Betreuung	
Ballsaal Effekt	21.00 Uhr	**BESTUHLUNG** Hotel: 23 Tische à 10 Personen, 9 Tische à 9 Personen **TISCHDEKORATION** Hotel: gelbe Tischdecken, gelbe Servietten, Blumenschmuck grün und gelb, Kerzen blau BK: 2 Tischbanner je Tisch und Aufsteller nach Automarken **PROGRAMM** BART: Einlass- und Hintergundmusik klassisch von CD **LICHT** FRED: Dinnerstimmung, Saal mittel, Bühne, Effekt TOM, SELMA, LOUISE: Heraufbegleiten der Gäste zu Ballsaal und Platzierung KUNDEN-TEAM: Heraufbegleiten der Gäste zu Ballsaal und Platzierung	

Prioritätensetzung und Delegation

Ballsaal	21.15 Uhr 5 Min.	**Dinner** **Programm** Bart: Mikrofon Handheld zu Dr. YYY an Tisch Honda bringen Jerry: Licht Dinnerspeach auf Bühne Dr. YYY: Dinnerspeach	
Ballsaal	21.20 Uhr 1 Std. 40 Min.	**Dinner** Hotel: 4 Gang-Menü	
	22.50 Uhr zum Schluss des Desserts	**Feuerwerksfirma** Fred: Bereitschaft melden	
	23.00 Uhr	**2 Böller Feuerwerk** Dino: Moderation (Handheld) Ansage für Aufbruch, Feuerwerk als Abschluss des Tages, die Bars sind danach in den Hotels noch offen. Die Busse zum Hotel 2 stehen bereit. Und Hinweis für den nächsten Tag. Frühstück ab 8.00 Uhr, Busshuttle um 9.30 zum Hotel und um 10.00 Uhr beginnt die Tagung. Teilnehmer am Partnerprogramm erinnern, dass sie nicht mehr zwischendurch ins Hotel zurückkommen	
Garderobe	23.00 Uhr 60 Min.	**Garderobe** Selma, Louise	
Wiese vor Hotel	23.00 Uhr 20 Min.	**Beginn Feuerwerk** Fred: Startzeichen an Firma, wenn alle Gäste draußen sind	
	ab 23.00 Uhr	Fred: Anbringen Beschilderung Workshopräume für nächsten Tag Bart, Jerry, Fred: Aufbau Bühne für nächsten Tag siehe Plan-Hotel 2.4.98	
	ab 23.30 Uhr	**Abfahrt der Busse zum Hotel 2**	

Information ist alles

Versorgen Sie alle Beteiligten eines Projektes mit den Unterlagen und Informationen, die diese benötigen, um ihren Job präzise und perfekt zu erfüllen. Führen Sie regelmäßige und gut vorbereitete Projektbesprechungen durch.

LEGEN SIE DIE KOMPETENZEN FEST UND GEBEN SIE KLARE ANWEISUNGEN. GERADE BEI EINWEISUNGEN UND PROBEN IST KOMMUNIKATION ALLES.

Machen Sie sich verständlich. Nehmen Sie lieber ein Mikrofon und auf Rundgängen notfalls ein Megafon mit.

Denken Sie an die sicherheitsrelevanten Details

Und vergessen Sie bei Personaleinweisungen die sicherheitsrelevanten Details wie Rettungswege, Notausgänge, Feuerlöscher, Sanitätsdienste und Erste-Hilfe-Kästen nicht.

6 Das „Wie" der wichtigen Gewerke

In diesem abschließenden Kapitel geht es um die Gewerke, die besonders wichtig sind, weil sie kommunikativ von großer Bedeutung sind oder aber die Sicherheit der Teilnehmer betreffen.

6.1 Haftung und Versicherungen

Bei Events kommen Menschen zusammen. Das birgt Risiken – ob bei der An- und Abreise oder in Bezug auf die Location. Die Vermieter wälzen mögliche Risiken auf Sie als Veranstalter ab. Deshalb:

ACHTEN SIE UNBEDINGT AUF EINEN AUSREICHENDEN VERSICHERUNGSSCHUTZ. HIER REICHEN DIE ÜBLICHEN BETRIEBSVERSICHERUNGEN KEINESFALLS AUS.

Lassen Sie sich beraten

Lassen Sie sich von einem unabhängigen und im Veranstaltungsgeschäft erfahrenen Makler beraten, der die Gefahren wirklich einschätzen und Ihnen auch die geeigneten Produkte anbieten kann.

Eines der renommiertesten Büros bietet einen sehr guten Online-Service: EBERHARD, RAITH UND PARTNER ASSEKURANZ

HAFTUNG UND VERSICHERUNGEN

in München. Eine Empfehlung des GERMAN CONVENTION BUREAU ist die Hamburger Agentur von RAUCHHAUPT & SENFTLEBEN GMBH.

Folgende Versicherungen sind immer ein Muss (Quelle: EBERHARD, RAITH UND PARTNER ASSEKURANZ):

Unbedingt notwendige Versicherungen

PRAXIS

Allgemeine Versicherungen	
Veranstalterhaftpflicht	• Personenschäden • Sachschäden • Vermögensschäden • Leitungsschäden • Tätigkeitsschäden • Brand- und Explosionsschäden an gemieteten Gebäuden • Mietsachschäden (ist im Rahmen gesondert zu vereinbaren) • Freistellung des Vermieters • Umwelthaftpflicht • Gabelstapler etc. • Auf- und Abbauzeiten
Kurzfristige Elektronikversicherung	• Ton-, Licht-, Video- und AV-Equipment • Fahrlässigkeit, Vorsatz Dritter • Kurschluss, Überspannung • Brand, Blitzschlag, Explosion • Wasser, Feuchtigkeit, Überschwemmung • Einbruchdiebstahl, Diebstahl, Raub, Plünderung, Sabotage • Höhere Gewalt • Konstruktions-, Material- oder Ausführungsfehler • Mobiler Einsatz in Kfz und außerhalb • Nachtzeitdeckung in Kfz zwischen 22.00 und 06.00 Uhr

Ob es sinnvoll ist weitere Versicherungen abzuschließen (siehe nächste Seite), hängt von den spezifischen Bedingungen Ihres jeweiligen Events ab.

möglicherweise weitere sinnvolle Versicherungen

Die beste Versicherung darf Sie und Ihre Beauftragten aber nicht von sorgfältigem Vorgehen und Einhalten der Vorschriften abhalten.

PRAXIS
Spezielle Versicherungen

Kurzfristige Unfallversicherung für Teilnehmer (Besonders bei Incentives sinnvoll, da die Berufsgenossenschaftliche Unfallversicherung bei Teilnehmern, die Mitarbeiter des Veranstalters sind, nicht ausreicht)	• Todesfall • Invalidität • Krankenhaustagegeld • Teilnehmer • Mitarbeiter der Agentur oder des Veranstalters/Teilnehmer
Kurzfristiger Auslandskrankenschutz (Für alle Länder, mit denen keine Abkommen bestehen, bei denen die gesetzlichen Krankenkassen eintreten.)	• Behandlungskosten • Transportkosten • Teilnehmer • Mitarbeiter der Agentur oder des Veranstalters/Teilnehmer
Ausfallversicherung (Muss genau definiert werden.)	• Nichtdurchführbarkeit wegen nicht vertretbarer Gründe wie beispielsweise schlechtes Wetter bei Open Air • Nichterscheinen von Künstlern • Katastrophendeckung

Sicherheitsrelevante Vorgänge sollten Sie immer in einem speziellen Protokoll festhalten

Sicherheitsrelevante Vorgänge sollten Sie zudem immer in einem speziellen Protokoll festhalten.

Sicherheitsprotokoll
- Einhaltung von Flucht- und Rettungswegen
- Kontrolle der Offenheit von Fluchttüren
- Anwesenheit des vorgeschriebenen Personals (Bühnen- oder Hallenmeister, Notarzt, Sanitätsdienst ...)
- Einweisung des Personals
- Einhaltung der Vorschriften bei der Technik (doppelte Absicherung bei Traglasten etc.)
- Zugelassene Pyrotechnik

REGIONALE BESONDERHEITEN

6.2 Berücksichtigung von CI, CC und CD

In den folgenden Abschnitten werden die wichtigsten Gewerke behandelt, die die Teilnehmer betreffen. Auch deren Planung ist eine Kommunikationsaufgabe. Deshalb sollten Sie Corporate Identity (CI), Corporate Culture (CC) und Corporate Design (CD) Ihres Unternehmens oder des Veranstalters in alle Aspekte der Inszenierung und die Planung der Gewerke einbeziehen, ob Bühnendesign, Teilnehmermanagement, Hotel oder Einladung. Stimmen Sie diese Tools auf die Philosophie und Gestaltungsrichtlinien des Unternehmens ab. Das verlangt Fingerspitzengefühl, denn Sie wollen ja andererseits auch einen unverkennbaren, individuellen Event schaffen, der nicht mit Logos und Slogans zugepflastert ist.

Beziehen Sie die Art und Weise des Unternehmensauftritts in sämtliche Überlegungen ein

6.3 Regionale Besonderheiten

Andere Länder, andere Sitten. Es fällt nicht immer leicht, sich darauf einzulassen. Vor allem muss man zuerst die Gepflogenheiten kennen, um Fettnäpfchen aus dem Wege gehen zu können. Erkundigen Sie sich frühzeitig bei Dienstleistern und Lieferanten. Gerade wenn es in südliche Länder geht, empfehle ich Ihnen, sich bei dort ansässigen und erfahrenen Landsfrauen und Landsmännern Rat einzuholen.

Machen Sie sich früh mit den Gepflogenheiten im Ausland vertraut

Die Mentalität ist dabei nur das eine. Wer in Frankreich oder Spanien der Landessprache nicht mächtig ist, kann es schwer haben. Es gibt Länder, in denen ohne Zahlung von Schwarz- oder Bestechungsgeldern nichts läuft. Manchmal halten auch Gruppen, die Sie sonst nur aus Filmen kennen, ihre Hand für Bargeldzahlungen auf. Manchmal bewegt man sich dann scharf am Rande oder schon jenseits der Legalität. In den USA läuft fast nichts ohne Arbeitserlaubnis und gewerkschaftlich organisierte Mitarbeiter. Gehen Sie also nicht blauäugig ans Werk, sondern erkundigen Sie sich vorher sorgfältigst.

6.4 Die Teilnehmer

Sie sollten immer um Ihre Teilnehmer „werben"

Ohne Teilnehmer gibt es keinen Event. Sie sollten immer um Ihre Teilnehmer „werben". Sogar bei Mitarbeiterveranstaltungen mit Anwesenheitspflicht sollten Sie sich die Mühe machen, eine positive Ausgangslage zu schaffen. Nehmen Sie Ihre Gäste ernst. Das gilt ganz besonders für kritische Situationen und Themen. Bei Fusionen sind das beispielsweise die Ängste um den Arbeitsplatz.

Terminierung

Stellen Sie sicher, dass die Zielgruppe zu dem beabsichtigten Veranstaltungszeitraum oder Zeitpunkt überhaupt teilnehmen kann. Stimmen Sie den Zeitrahmen daraufhin ab.

Interne Hinderungsgründe	Externe Hinderungsgründe
• Produktion • Projekte • Inventur • Messe • Schulungen	• Feiertage • Ferien • Besondere Ereignisse

Teilnehmerakquise

Inszenieren Sie die Kommunikation gemäß dem späteren Event. Eine Vielzahl von Mitteln und Möglichkeiten steht dafür zur Verfügung. Mangelnde finanzielle Mittel können Sie durch Kreativität ersetzen.

Bei Public-Events, die zusätzlich noch über Eintrittserlöse refinanziert werden müssen, kommen Sie nicht umhin, diese Veranstaltungen effizient zu bewerben.

Werbemittel	
• Einladung (Print, Mail) • Online (Inter- oder Intranet) • Plakat	• Anzeige • Gimmicks • TV- und Radiospots • Aktionen

Die Teilnehmer

Public Relations

- Mitarbeitermedien
- Vertriebsmedien
- Kundenmedien
- Printmedien
- TV- und Radiospots
- Online
  (Inter- oder Intranet)

- Pressemitteilungen
- Pressekonferenz
- Interviews
- Fotos
- Videos
- CD-ROM

Teilnehmereinladung

Bauen Sie frühzeitig Spannung auf. Binden Sie bestehende Medien wie Kunden- oder Mitarbeiterzeitschrift, Business-TV oder Intranet ein.

Schaffen Sie positive Erwartungen durch eine Einladungsdramaturgie. Verwenden Sie überraschende Medien, unkonventionelles Design oder Material. Oder starten Sie Ihre Eventkommunikation als Flüsterpropaganda in der Kantine. Schicken Sie Promotionteams in die Niederlassungen.

Schaffen Sie positive Erwartungen durch eine Einladungsdramaturgie

PRAXIS

Schritte der Teilnehmereinladung

TERMINBLOCKER — *knackig formuliert mit Motto*
- auf Geschäftspapier
- als E-Mail
- als Anruf
- gestaltet mit Key-Visual oder Event-Logo

GESTALTETE EINLADUNG/ INFORMATION
- per Post/Hauspost
- Motto und Key-Visual
- Anlass
- Programm
- Zeitpunkt und Dauer
- Ort und Reise
- Informationen
- Antwortelement

ERINNERUNG ALS NACHFASSAKTION	• per Post/Hauspost • Fax • E-Mail • Telefonaktion
TEILNAHME-BESTÄTIGUNG	• Information • Tipps • Kleiderordnung • per Post/Hauspost • E-Mail • Fax
TEILNEHMER-UNTERLAGEN	• Flugtickets • Pläne • Informationspakete • Reiseführer

Eine gute Dramaturgie verrät nicht zu viel

Eine gute Dramaturgie baut Spannung auf, indem sie nicht zu viel verrät. Beim eigentlichen Event selbst soll sie sich schließlich noch steigern. Wägen Sie also ab, ob Sie Details wie künstlerische Top-Acts schon in der Einladung ankündigen oder das Geheimnis erst beim Event auflösen.

Vermeiden Sie abgedroschene Phrasen wie „festliche Gala" oder „interessantes Programm". Verwenden Sie Worte, die so individuell sind wie Ihr Event. Konvention als Ausdruck von Höflichkeit und Respekt ist richtig, als Ausdruck von Phantasielosigkeit ist sie langweilig. Und was ist schlimmer, als Ihre Gäste zu langweilen.

Teilnehmermanagement

Schon im Vorfeld des Events wollen und müssen die Gäste betreut werden

Schon im Vorfeld des Events wollen und müssen die Gäste betreut werden. Sie müssen sich an-, um- oder abmelden und haben Wünsche und Bedürfnisse hinsichtlich An- und Abreise, Hotelunterbringung oder Catering.

Sie können die potenziellen Teilnehmer im Rahmen des Einladungsverfahrens konventionell mit Antwortkarten, Rückfaxformular oder telefonischer Hotline betreuen. Bei Zielgruppen mit einem hohen Anteil an Intra- oder Internet-

Die Teilnehmer

zugang empfiehlt sich heute eine Online-Lösung als Ergänzung oder sogar als Ersatz.

Das Einrichten einer eigenen Event-Home-Page ist ein zusätzlicher kommunikativer Kick und erleichtert die Organisation. Es gibt spezielle Dienstleister, die preiswerte, aber standardisierte Pakete anbieten. Gute Eventagenturen gestalten und programmieren individuelle Lösungen, die neben den organisatorischen Anfragen auch Inhalte, neudeutsch „Content", über den Event, Hintergründe und Unterhaltsames enthalten können. Wichtig ist natürlich die Datensicherheit, die Sie über das Einrichten und Vergeben von persönlichen Passwörtern erreichen können. Klären Sie, wie attraktiv oder anfällig Ihr Event für Hacker und Störer ist und sprechen Sie das Thema mit Ihrem Dienstleister durch.

In Listen oder einer Online-Datenbank des Teilnehmermanagements werden nun alle relevanten Details festgelegt.

relevante Details des Teilnehmermanagements

Teilnehmermanagement

- potenzielle Teilnehmer (Name, Vorname, Titel, Anrede)
- Benutzername, Kennwort
- Firma, Abteilung, Adresse (extern, intern), Postfach, Telefon und Fax, E-Mail
- Partner (ja/nein)
- Anreise mit Zug, Flieger, Bus, eigenem Fahrzeug, Transfers, Limousinenservice, Parkplatz
- Hotel, Hotelzimmer, Sitzordnung
- Nichtraucher/Raucher, Vegetarier oder sonstige Cateringwünsche
- Teilnahme an bestimmten Workshops, Kongressrunden
- Partnerprogramme

Teilnehmerbetreuung

Wirft Ihre Einladung Fragen auf? Falls ja, muss das nicht negativ sein, denn so entsteht Dialog. Organisieren Sie ein Betreuungsteam mit telefonischer Hotline und E-Mail-Adresse. Schulen Sie die Menschen, die mit den potenziellen Teilnehmern kommunizieren, sodass diese kompetent Auskunft geben können. Das kostet natürlich Zeit und Geld und ist somit ein Merkposten für die Budgetkalkulation.

Eine freundliche und kompetente Betreuung ist auch während des Events wichtig. Sie können auf lokale Personaldienstleister zurückgreifen, einen eigenen Hostessen-Pool aufbauen oder eigene Mitarbeiter einsetzen. Es sollte im Zweifelsfall lieber ein Host oder eine Hostess zu viel sein, als im entscheidenden Augenblick die Teilnehmer mit ihrem Problem alleine zu lassen. Lassen Sie Gruppen nie unbegleitet, das gilt sowohl für die Transfers als auch für die Partnerprogramme.

Personal

- Eigener Host-/ Hostessenpool oder Personaldienstleister
- Ermittlung des Bedarfs
- Buchung
- Training und Briefing
- Sicherheitseinweisung
- Kleidung
- Ausstattung
- Kommunikation mit Funkgeräten und Handys
- Informationsschalter
- Veranstaltungsbüro

Registrierung und Akkreditierung

Neben den logistischen Aspekten wie Festlegung und Kontrolle von Teilnahme- und Zugangsberechtigung, ist auch dieses Verfahren pure Kommunikation. Unfreundliches Personal und Warteschlangen erzeugen eine negative Stimmung. Diese müssen Sie dann unter den größten Mühen abbauen, falls es überhaupt gelingt. Vermeidung ist effizienter.

Je einfacher, bequemer und nachvollziehbarer der Akkreditierungsprozess organisiert ist, umso besser für Sie und die Teilnehmer. Stellen Sie besser auch hier eine Person mehr hinter den Counter, die auch mal Däumchen dreht, als dass ein ungeduldiger Gast vor dem Counter durchdreht und schlechte Stimmung verbreitet.

Wo, wie und wie viele Akkreditierungsschalter Sie einrichten, hängt natürlich auch von den räumlichen Gegebenheiten am Veranstaltungsort ab. Manchmal lassen sich bei kleinen Foyers „Flaschenhälse" nicht vermeiden. Das gilt besonders, wenn eine große Zahl von Menschen gleichzeitig eintrifft. Aber auch das ist nur eine Frage der Vorbereitung und Lo-

Die Teilnehmer

gistik. Erstellen Sie die Fahrpläne so, dass die Shuttle-Busse beispielsweise zu unterschiedlichen Zeiten eintreffen.

Problematisch wird es oftmals in den Hotels, wenn das der erste Ort ist, den die Teilnehmer betreten. Die beste Logistik nützt nichts, wenn der Check-in Stunden dauert. Sprechen Sie mit dem Hotel, wie Sie das Verfahren abkürzen und vereinfachen können. Vielleicht ist es möglich, die Magnetkarten oder Schlüssel in den bereits geöffneten Zimmern zu deponieren. Das geht aus Sicherheitsgründen oft nur dann, wenn das Hotel exklusiv für Ihre Teilnehmer gebucht ist. In den Staaten, wo das erforderlich ist, können die obligatorischen Meldezettel von den Teilnehmern entweder zeitsparend im Voraus oder auch erst auf den Zimmern ausgefüllt und von Ihnen oder dem Hotelpersonal eingesammelt werden.

Orientierung

Die Teilnehmer eines Events sind in der Regel ortsfremd. Helfen Sie Ihnen durch eine klare Ausschilderung und informiertes Personal. Gehen Sie die Location oder das Hotel mit den Augen eines Gastes ab. Eine gute Beschilderung ist ebenfalls Kommunikation, erst recht, wenn sich Key-Visual und das Corporate Design des Events bis zum Toilettenschild durchziehen. Vielleicht ist auch ein Gebäude- oder Raumplan bei den Teilnehmerunterlagen hilfreich und angebracht.

Gehen Sie die Location oder das Hotel mit den Augen eines Gastes ab

Umgang mit dem Thema Behinderung

In der Bundesrepublik ist das Thema Behinderung nicht selbstverständlich. Oft werden die besonderen Erfordernisse und Bedürfnisse vergessen. Bei allen Events sollte dieses Thema frühzeitig angesprochen werden. Leider stellt sich oft heraus, dass viele Hotels nur wenige geeignete Zimmer für Rollstuhlfahrer haben oder an Locations keine Rampen oder Aufzüge vorhanden sind.

Follow-Ups

Kein Event endet bereits, wenn der Vorhang fällt. Hier sind Kommunikations- und Erinnerungsansätze möglich. Ob Sie nun ein aufwändiges Erinnerungsvideo produzieren, oder sich mangels Budget andere Maßnahmen ausdenken, das Follow-up gehört zum Event.

Kein Event endet bereits, wenn der Vorhang fällt

Fotos von den Teilnehmern sind relativ preiswert. Es empfiehlt sich, gestandene Ballfotografen zu nehmen, die Erfahrung darin haben, dass auch wirklich jeder Gast abgelichtet wird. Oder senden Sie nach einigen Wochen, Monaten, im Sommer oder zu Weihnachten persönliche Ansichtskarten von der Destination, der Location oder vom Event zum Auffrischen positiver Erinnerungen.

Die Produktion eines Event-Videos ist kostenintensiv und aufwändiger. Im Vorfeld sind urheberrechtliche Belange, wie die von auftretenden Künstlern, zu klären und zu regeln.

Weitere Events können ebenfalls ein Follow-up sein. Wenn das Thema des Marketingevents vertieft werden soll, wie zum Beispiel nach Kick-Offs, empfehlen sich Workshops oder regionale Meetings.

Nach dem Event ist vor dem Event

Werden Sie nicht penetrant, aber bringen Sie sich und Ihre Botschaft immer wieder in positive Erinnerung. Denn es gilt der Grundsatz: Nach dem Event ist vor dem Event.

6.5 Reisen, Transfers und Transporte

Reisen sind ebenfalls Kommunikation. Nutzen Sie die Zeiten für Aktionen, Informationen und Animationen. Setzen Sie, wo das möglich ist, besondere Verkehrsmittel wie Schiffe, High Tech- oder Oldtimerzüge ein. Mit Bussen, Sonderzügen oder dem Exklusivcharter von Flugzeugen schaffen Sie das Gruppenerlebnis bei der Anreise.

AKTIONEN UND INSZENIERUNG

- Entertainment
- Information über den Event oder die Destination
- Kennenlernaktion
- Besondere Transportmittel wie Nostalgiezüge, Schiffe

Die Anreise sollte zumutbar, sicher und bequem sein

Die Anreise sollte zumutbar, sicher und bequem sein. Ist es wirklich notwendig, für 24 oder 48 Stunden in die USA zu jetten? Es gibt Zielgruppen, für die das ein besonderer Kick ist, für Vielflieger ist das bestenfalls Routine, in der Regel aber bedeutet es zusätzlichen Stress. Ein näheres Ziel, bei dem die

Reisen, Transfers und Transporte

Lebenspartner ebenfalls eingeladen werden und die Zeit für gemeinsame Aktionen reicht, ist da oftmals attraktiver als der Grand Canyon oder die exotischste Destination im Dschungel von Borneo.

Ihre Ansprechpartner sind Reisebüros mit Firmen- und Gruppenreiseservice, die Bahngesellschaften wie Deutsche Bahn, SBB oder ÖBB, die Betreiber von historischen Zügen und die Fluggesellschaften.

Wenn auf Linienflugstrecken nicht genügend Plätze verfügbar sind, empfiehlt sich ein Exklusivcharter. Das ist oft sogar erstaunlich preiswert und hat verschiedene Vorteile. Die Gruppe bleibt zusammen und Flugzeugtyp, Flughafen und Flugdaten sind nahezu frei wählbar. Hier helfen Ihnen nicht nur die Airlines selbst, sondern auch spezielle Charterbroker. Top-Führungskräfte dürfen allerdings häufig nicht gemeinsam das gleiche Flugzeug benutzen.

Transfers

Organisieren Sie Transfers so kurz, effektiv und bequem wie möglich. In jeden Bus gehört eine Hostess oder ein Host. Berücksichtigen Sie bei den Zeitplanungen nicht nur mögliche Staus, Baustellen oder Umleitungen, sondern wählen Sie, auch wenn sich dadurch nicht unverhältnismäßige Verzögerungen ergeben, attraktive Routen. So bieten Sie nebenbei noch etwas Sight-Seeing.

„Branden" Sie die Busse mit Key-Visuals und Laufschildern, von wo nach wo welcher Bus fährt. Auch auf das Musikprogramm während des Transfers haben Sie Einfluss. Was passt also? Welche Informationen oder Botschaften können Sie vermitteln?

„Branden" Sie die Verkehrsmittel mit Key-Visuals und Laufschildern

Individuelle An- und Abreise

Bei individueller Anreise mit öffentlichen Verkehrsmitteln empfiehlt es sich am Flughafen oder Bahnhof einen Welcome-Schalter einzurichten. Oft kann man diese von den Betreibern gegen ein geringes Entgeld mieten.

Wenn die Teilnehmer mit dem eigenen PKW anreisen, sollten Sie aktuelle Anfahrtbeschreibungen liefern. Prüfen Sie, ob die Ausschilderung von Hotels oder Location ausreichend ist,

Liefern Sie gute Anfahrtbeschreibungen

oder ob Sie diese ergänzen müssen, was dann auf jeden Fall genehmigungspflichtig ist. Und sorgen Sie selbstverständlich für die ausreichende Anzahl an Parkplätzen.

6.6 Destination

Vielfach ist bei touristischen Destinationen ein geldwerter Vorteil zu versteuern

Touristische Destinationen sind wegen ihrer Erreichbarkeit, ihrer Infrastruktur, den Unterbringungskapazitäten und ihrer Attraktivität reizvoll und diesem Sinne nahe liegend. Leider auch für das Finanzamt. Bei Mitarbeitern als Event-Teilnehmern wird in Bezug auf eine solche Maßnahme ein geldwerter Vorteil gemutmaßt, der dann versteuert werden muss. Wenn die Teilnehmer nachher auf ihren Steuerbescheid schauen, ist die durch den Event oder das Incentive erreichte Motivation ganz schnell wieder weg und schlägt verständlicherweise in Ärger um. Sie müssen auch anhand des Programmes nachweisen, dass die Teilnehmer einen regulären Arbeitstag hatten. Also dann: Acht Stunden harte Workshops unter der Sonne Mallorcas! Trotzdem bleibt es bei touristischen Destinationen schwierig, die Finanzbehörden vom Arbeitscharakter zu überzeugen, denn diese haben bereits alle Tricks kennen gelernt.

Ersparen Sie Ihren Teilnehmern unliebsame Überraschungen und klären Sie die Versteuerung vorab mit dem Finanzamt ab und handeln Sie eine Pauschalversteuerung durch den Veranstalter aus!

6.7 Hotels

Bei knappen Budgets empfiehlt es sich, das Hotel zur Location zu machen

Ein Hotel ist mehr als das Dach über und ein Kissen unter dem Kopf. Berücksichtigen Sie Architektur, Design, Umgebung und Lage als Teil der Inszenierung. Bei sehr knappen Budgets empfiehlt es sich, das Hotel zur Location zu machen. Der Vorteil liegt darin, dass die Infrastruktur in Form von Veranstaltungsräumen, technischer Grundausstattung, Möblierung und Catering vorhanden ist. Alle Hotels bieten für Gruppen preisgünstige Tagungspauschalen an. Nicht jeder Event erfordert die Übernachtung von Teilnehmern oder Akteuren. Ist das aber erforderlich, so sollten Sie das bei der Festlegung der Destination frühzeitig berücksichtigen.

HOTELS

MÖGLICHE KAPAZITÄTSPROBLEME
- generell keine ausreichende Zimmerkapazität am Ort
- terminlich bedingte nicht ausreichende Zimmerkapazität am Ort, wegen Messen, Großveranstaltungen, Feriensaison
- nicht genügend Zimmer gleichen Standards

Viele Hotels bieten Zimmer unterschiedlicher Standards. Je individueller die Hotels sind, umso krasser fallen diese Differenzen meistens aus. Sind die Kategorien sehr verschieden, müssen Sie abwägen, ob und was Sie den Teilnehmern „zumuten" können.

Was in Bezug auf die Hotels zu beachten ist — PRAXIS

LAGE	• City • Stadt • Randgebiet • in der Natur • einsam • verkehrsgünstig
ANBINDUNG	• Flughafen • Bahnhof • Öffentlicher Nahverkehr • Autobahn • Parkplatz
ART	• Tagungshotel • Cityhotel • Schlosshotel • Sporthotel • Luxushotel
ARCHITEKTUR UND DESIGN	• Luxus • plüschig/kitschig • nüchtern/sachlich
AUSSTATTUNG	• Standard • Zimmerzahl

	• Zimmerausstattung (Fax, ISDN und W-LAN) • Behindertengerechte Einrichtungen • Veranstaltungsräume • Veranstaltungstechnik • Flipcharts und Pinnwände • Overhead-Projektoren • Beamer
PREIS	• Rabatte • Tagungspauschalen
SONSTIGES	• Image • bekannter Name und berühmte Geschichte

Preise

Der Preis ist Verhandlungssache

Wer nach Preisliste oder den im Zimmer ausgehängten Preisen zahlt, ist selber schuld. Handeln Sie. Geht das bei den Zimmerpreisen nicht, dann fallen die Nebenleistungen vielleicht günstiger aus. Hotels sind meistens nur in den jeweiligen Messezeiten nicht zu Ermäßigungen bereit.

Neben den Gruppenrabatten bieten die Betreiber den Eventagenturen eine Provision, in der Regel sind das 10 Prozent. Die können sie, aber müssen Sie nicht an den Veranstalter weitergeben.

Regeln von Kostenübernahme

Neben Übernachtung und Catering fallen weitere Kosten im Hotel an. Regeln Sie im Voraus verbindlich, ob der Veranstalter oder die Teilnehmer dafür aufkommen und informieren Sie die Gäste darüber.

Mögliche Zusatzkosten	
• Telefon • Minibar • Pay-TV	• Hotelbar • Sportangebot • Zimmerservice

LOCATION

Reservierung und Exklusivität

Der erste Schritt der Reservierung, vor allem während der Konzeptphase, ist die Option, die für beide Seiten nur bedingt verbindlich ist. Irgendwann besteht das Hotel auf einer verbindlichen Beauftragung. Entweder schließen Sie einen Vertrag ab oder erteilen einen Auftrag. Regeln Sie darin alle Details explizit. Formulierungen wie „Veranstaltungsraum geeigneter Größe" sollten Sie nicht akzeptieren, denn dann landen Sie im kleinsten und nicht in dem größten Raum, den man ihnen vorher gezeigt hat. Auch den Standard der gebuchten Zimmer sollten Sie genau fixieren.

Überlassen Sie nichts dem Zufall

Wenn Sie die Veranstaltung dann doch noch absagen müssen, fallen Stornogebühren an. Die Höhe hängt von der Fristigkeit der Stornierung ab: Je kurzfristiger, umso teurer wird es. Auch wenn Sie nur Teilkontingente absagen, können Stornokosten anfallen. Tragen Sie deshalb die Daten zur Kontrolle in Ihre Aufgabenliste ein.

Wenn Sie ein Hotel exklusiv für Ihre Teilnehmer buchen wollen, vereinbaren Sie eindeutig, ob das Hotel berechtigt ist, kurzfristig nicht genutzte Räume trotzdem an Dritte zu vermieten.

6.8 Location

Sie erinnern sich? Der Veranstaltungsort ist ein zentrales Element der Inszenierung und nicht nur ein Raum für eine bestimmte Menge an Menschen. Die Location hat eine zentrale kommunikative Bedeutung. Architektur und Lage sind ebenso wichtig wie Infrastruktur und Service.

Die Location hat eine zentrale kommunikative Bedeutung

So finden Sie die passende Location	
1. Recherche	5. Beurteilung
2. Anforderung Informationsmaterial	6. Site-Inspections mit Kunden
3. Auswahl + Option	7. Entscheidung
4. Site-Inspections (Besichtigung)	8. Buchung und Auftragserteilung

DAS „WIE" DER WICHTIGEN GEWERKE

Auf Grundlage des Briefings des Kunden oder des Konzeptes können Sie den Raumbedarf qualitativ nach Art und quantitativ nach Menge und Größe der Räume erfassen.

Danach müssen Sie erkunden, ob am potenziellen Veranstaltungsort eine solche Location überhaupt vorhanden ist. Wenn nicht, dann können Sie Ihre gewünschte Location gegebenenfalls auf geeigneten Grundstücken durch Zelte und temporäre Bauten schaffen. Der Aufwand und die Kosten sind allerdings ungleich höher als bei einer festen Location.

Raumanforderungen — **PRAXIS**

TEILNEHMER	• Eventraum oder -räume • Workshopräume • Ausstellungsfläche • Pausenräume • Cateringräume • Foyer und Empfang • Teilnehmergarderoben • Veranstaltungsbüros • Flure • Sanitärräume • Parkplätze
LOGISTIK	• Lagerräume • Nebenräume • Organisationsbüros • Cateringnebenräume • Künstlergarderoben • Sanitärräume • Laderampen • Parkplätze
TECHNIK	• Veranstaltungstechnik • Bühne • Hängepunkte für Technik • Stromanschlüsse

LOCATION

INSZENIERUNG	• Architektur • Design
VERFÜGBARKEIT	• Veranstaltungsdauer • Auf- und Abbau • Proben
KAPAZITÄT	• Größe • Zugelassene Personenzahl
KOSTEN	• Miete • Nebenkosten • Ablöse • Stornokosten • Korkgeld
SICHERHEIT	• Teilnehmer • Mitarbeiter • Security
SONSTIGE	• Variabilität • Atmosphäre

Sicherheit
Die Sicherheit aller Teilnehmer sollte nicht erst seit dem 11. September 2001 ein wichtiger Aspekt sein.
- Gibt es potenziell oder konkret gefährdete Teilnehmer wie Spitzenpolitiker, Top-Unternehmer oder Prominente?
- Ist das Thema des Events so brisant, dass sich daraus besondere Anforderungen ergeben?
- Ist die Zugangsberechtigung zu der Location auch tatsächlich zu kontrollieren?

Quellen für die Locationrecherche
Für die Recherche der passenden Location gibt es eine Reihe von Informationsquellen.
Je enger die Auswahl auch bei der Recherche wird, Sie kommen schließlich um die Besichtigung oder Site-Inspection nicht umhin. Sind Sie dort selbst noch fremd, dann neh-

Sie müssen die Location persönlich in Augenschein nehmen

Das „Wie" der wichtigen Gewerke

men Sie Ihren Kunden oder Entscheidungsträger erst beim zweiten Besichtigungstermin mit. Diese Vorgehensweise ist jedoch aus Kostengründen nicht immer möglich.

Tipp: Nutzen Sie die Familiarity-Trips, zu denen Fremdenverkehrsämter, Destinationen oder Leistungsträger einladen. Verhandeln Sie mit den potenziellen Leistungsträgern wie einem Hotel wegen der Übernahme der Kosten für die Site-Inspection.

Recherchequellen (Auswahl)

Handbücher und Websites	www.tagungsplaner.de	Europäische Hotels und Tagungsstätten
	www.intergerma.de	Europäische Hotels und Tagungsstätten
	Event-Locations in Deutschland, IST-Studieninstitut German Convention Bureau www.gcb.de	Deutschland, Österreich, Schweiz Deutsche Hotels und Tagungsstätten
Fachzeitschriften	Event Partner	Deutschland und Europa
	Blach-Report	Deutschland und Europa
	Location-Report	
	Convention	International
	CIM	International
	Tagungswirtschaft	International
	FVW-International – Zeitung für die Tourismuswirtschaft	International
	Incentive Congress Journal	International
	events, das Meeting & Incentive-Magazin	International
Internet-Portale	www.locationsscout.de www.eventmanager.de www.eventshop.de	
Messen	World of Events, Wiesbaden www.worldofevents.de	Deutschland und Europa
	Incentive-Jahrmarkt	International

LOCATION

	EIBTM Barcelona *www.eibtm.com* IT & CMA Incentives, Travel & Conventions Meeting Asia *www.itcma.com.sg* World Travel Market, London	International International, Asien, Pazifikraum International
INSTITUTIONEN	Fremdenverkehrsämter	
SONSTIGE	Stadtmagazine Stadtführer Reiseführer Architekturzeitschriften	

Bauliche und betriebliche Sicherheit

In den meisten Ländern gibt es mehr oder weniger strenge Vorschriften, Verordnungen oder Gesetze für den Bau und Betrieb von Versammlungs- oder Veranstaltungsstätten, welche die potenziellen Teilnehmer schützen. Unfallverhütungsvorschriften regeln die Sicherheit der Mitarbeiter. Auch wenn in der Europäischen Gemeinschaft über eine einheitliche Regelung verhandelt wird, gibt es diese leider noch nicht. Selbst in Deutschland und Österreich sind die Vorschriften und Gesetze in jedem Bundesland unterschiedlich geregelt und werden lokal dann auch noch unterschiedlich ausgelegt.

Die Gesetzeslage ist oft uneinheitlich

Minimale Grundkenntnisse müssen Sie schon haben. Deshalb ist die erste Frage in einer Location, was unter Sicherheitsaspekten zu beachten ist. Falls etwas passiert, wird man ganz schnell überprüfen, inwieweit Sie als Veranstalter oder als dessen Beauftragter eine Mitschuld tragen.

Sie sollten sich die entsprechenden Grundkenntnisse aneignen

UNWISSENHEIT SCHÜTZT NICHT VOR STRAFE!

In Deutschland gehört die Muster-Versammlungsstättenverordnung zur Pflichtlektüre, in Österreich sind es die Veranstaltungsstättengesetze. Dazu kommen die jeweiligen Arbeitsschutz- und Unfallverhütungsvorschriften. Sprechen Sie offen mit dem Partner auf der Locationseite sowie den De-

Das „Wie" der wichtigen Gewerke

korateuren, Bühnenbauern und mit den Technikfirmen über dieses Thema.

Beachten von Sicherheitsvorschriften

- Rettungswege
- Fluchtwege
- Notbeleuchtung
- Fluchttüren müssen offen sein
- Bestuhlung und Betischung
- Brandschutz
- Tragfähigkeit von Böden und Podesten
- Einringen von Kulissen und Bühnenbau
- Abnahme von Zelten, mobilen Bühnen und Tribünen
- Sicherheit von eingebrachten Lasten wie Rigging, Scheinwerfer, Lautsprecher
- Anwesenheit von geschultem Personal (Hallenmeister, Bühnenmeister)

Fluchtwege müssen mindestens 1,20 Meter breit sein

Unabhängig von Bestuhlung und Betischung müssen Fluchtwege mindestens 1,20 Meter breit und je 200 Teilnehmer vorhanden sein. Sie müssen auch im Notfall, also bei Stromausfall, ausgeleuchtet und gekennzeichnet sein. Der weiteste Weg zum Notausgang darf nicht mehr als 30 Meter betragen.

Bestuhlung und Betischung

Es gibt für die Platzierung der Teilnehmer verschiedene Konventionen und Bestuhlungsvarianten. Welche die richtige ist, hängt vom Event, der Teilnehmerzahl und der Location ab. Die Versammlungsstättenverordnung und Veranstaltungsgesetze schieben der ausufernden Phantasie aber einen gewissen Riegel vor. In vielen Locations gelten nämlich festgelegte Bestuhlungspläne. Abweichungen müssen von den zuständigen Behörden speziell abgenommen werden.

In vielen Locations gelten festgelegte Bestuhlungspläne

Auch die Sitzordnung ist Kommunikation. Es lassen sich damit Offenheit oder Hierarchien ausdrücken.

Bestuhlung und Betischung

- Sicherheitsanforderungen/Fluchtwege
- Teilnehmerzahl

LOCATION

- Inszenatorische Erfordernisse
- Kommunikative Erfordernisse
- Catering
- Sicht- und Projektionsverhältnisse

MÖGLICHE FORMEN VON BESTUHLUNG

U-FORM/U-SHAPE

Für Workshops bietet sich die U-Form an, da alle Teilnehmer sich ansehen können und der Referent oder Moderator auch in das U treten kann, um so einen unmittelbaren Kontakt herzustellen. Diese Variante ist aber nur für eine kleine Zahl von Teilnehmern geeignet, da der innere Teil des Us viel Fläche beansprucht.

Alle Teilnehmer können sich ansehen

REIHENBESTUHLUNG/THEATRE STYLE

Für große bis sehr große Teilnehmerzahlen kommt nur die Reihenbestuhlung in Betracht. Um die Sichtbarkeit von Projektionen und Bühnen zu verbessern, sollten Sie die Reihen immer versetzt bestuhlen. Das sieht zwar an den Rändern nicht so ordentlich aus, hat aber Vorteile für die Teilnehmer, die nicht auf einen breiten Rücken, sondern zwischen den Schultern der Vordermänner und Vorderfrauen hindurchschauen können.

große bis sehr große Teilnehmerzahlen

Hier die wichtigsten Vorschriften aus der Musterversammlungsstättenverordnung für die Reihenbestuhlung. Zwischen zwei Fluchtwegen dürfen nie mehr als 20 Stühle nebeneinander stehen, die immer fest miteinander verbunden sein müssen. Die minimale Durchgangsbreite zwischen den Reihen darf 40 cm nicht unterschreiten. Der Abstand von Stuhllehne zu Lehne muss mindestens 100 cm breit sein.

die wichtigsten Vorschriften

PARLAMENTARISCHE BESTUHLUNG/CLASSROOM STYLE

Wenn die Teilnehmer mitschreiben müssen und bei mittleren bis großen Gruppen ist diese Variante sehr beliebt. Wahrscheinlich besonders von den Betreibern, weil man dann Tagungsgetränke auf die Tische stellen kann, die wieder berechnet werden können. Der Nachteil liegt aus meiner Sicht in einer sehr steifen Kommunikationswirkung. Bei langen Arbeitstagungen mit vielen Unterlagen ist die Form sicher angebracht. Aber sie nimmt sehr viel Platz ein und schafft Distanz.

Wenn die Teilnehmer mitschreiben müssen

Das „Wie" der wichtigen Gewerke

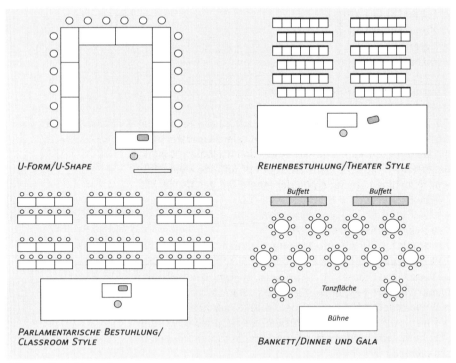

Abb. 33: Bestuhlungsformen

Eine Reihenbestuhlung und ein Klemmbrett zum Mitschreiben, das gleichzeitig als Give-Away dient, ist eine kommunikationsfreundlichere Alternative.

Bankett/Dinner und Gala

für festliche Anlässe Für festliche Anlässe ist die Bankett-Bestuhlung die angemessene Form. Auch bei dieser Variante hängt es von den Details ab. Gibt es ein serviertes Menü oder ein Buffet, das Platz im Raum wegnimmt? Wird getanzt und wo ist dann die Tanzfläche am sinnvollsten, zwischen den Gästen oder vor der Bühne? In Bezug auf die Anordnung der Tische sollten Sie nicht nur auf ausreichenden Platz für den Service achten, sondern auch darauf, dass kein Sitzplatz weiter als zehn Meter vom nächsten Fluchtweg entfernt ist. Der Abstand von Tischkante zu Tischkante muss mindestens 1,50 Meter sein. Das schreibt die Musterversammlungsstättenverordnung vor.

6.9 Akteure und Künstler

Künstler erhalten für ihre Leistung ein Honorar, womit der Respekt aber noch nicht abgegolten sein sollte. Neben den inszenatorischen Erfordernissen gibt es auch einige zentrale organisatorische Aspekte, die zu beachten sind.

Künstler finden Sie in Handbüchern, Fachzeitschriften, bei Künstleragenturen, im Internet, auf Fachmessen mit Showcases, auf der Bühne oder im Fernsehen.

Wenn Sie einen Künstler verbindlich buchen, sollten Sie einen Vertrag abschließen. Der wird meist vom Künstler oder seiner Agentur geliefert. Wie bei einem Ehevertrag regelt er Rechte und Pflichten vor allem für die Zeiten, in denen es bei bester Absicht dann vielleicht doch Streit gibt. Bei ausländischen freiberuflichen Künstlern ist gegebenenfalls eine Arbeitserlaubnis beim zuständigen Arbeitsamt einzuholen.

Schließen Sie einen verbindlichen Vertrag ab

KÜNSTLERVERTRAG

- Vertragspartner (Künstler und Veranstalter)
- Vertragsgegenstand (Stück, Show, Auftritt, Besetzung)
- Auftrittsort, Dauer und Zeit, Probezeiten, Ankunftszeit
- Gage und Nebenkosten, Urheberrecht, Ausländersteuer, Künstlersozialkasse
- Regelung bei Nichterfüllung durch Künstler (Vertragsstrafe)
- Regelung bei Nichterfüllung durch Veranstalter (Vertragsstrafe)
- Kündigung und Rücktrittsrecht
- Sonstiges: Technikanweisungen, Catering, Künstlergarderobe, Reise, Regiepläne

Vertragsstrafen bei Nichterscheinen des Künstlers oder bei Undurchführbarkeit des Acts wegen Schlamperei des Veranstalters sollten angemessen sein, sonst sind sie ohnehin sittenwidrig. Üblich ist die Höhe der Gage.

Wählen Sie die Akteure, Künstler und Programme also schon im Vorfeld auf das sorgfältigste aus.

AUCH WENN DER ACT DEM KUNDEN NICHT GEFALLEN HAT, WIRD TROTZDEM DIE GAGE FÄLLIG.

Das ist ein weites, juristisches Feld, denn Geschmack und künstlerische Qualität sind nicht justiziabel.

DAS „WIE" DER WICHTIGEN GEWERKE

Briefen Sie die Akteure und Künstler so ausführlich, dass deren Auftritt perfekt wird.

6.10 Technik

Veranstaltungstechnik ist nicht Selbstzweck

Veranstaltungstechnik ist nicht Selbstzweck, sondern dient der Kommunikation. Dosieren Sie den Einsatz nach dem Grundsatz, nur so viel Technik wie nötig einzusetzen. Verzichten Sie auf den effekthascherischen Overkill. Im Theater ist die Technik meistenteils unsichtbar.

Bei Events ist der Aufwand des „Versteckens" dagegen zu groß, also setzen Sie die Gerüste, Traversen und Scheinwerfer als Deko-Element ein. Die bunten Eventfotos in den Fachzeitschriften oder Imagebroschüren der Eventagenturen offenbaren hier meistens wenig Geschick. Die ästhetische Anmutung ähnelt sich bis zur Austauschbarkeit.

Wenn Sie eine Technikfirma recherchieren, klären Sie auf jeden Fall deren Kompetenz ab.

AUSWAHL TECHNIK
- Erfahrung mit Umfang und Qualität des Auftrags
- Top-Material
- Qualifiziertes Personal

Der billigste Anbieter ist hingegen nicht immer auch der beste

Bei großen, komplexen Jobs werden Sie um Ausschreibungen nicht herumkommen. Die Einkaufsabteilungen der Konzerne verlangen das aus Kostengründen. Der billigste Anbieter ist hingegen nicht immer auch der beste.

Bei der Innovationsfreude in der Veranstaltungstechnik kann man als Eventmanager in den Details nicht auf dem Laufenden bleiben. Da bewährt sich die Zusammenarbeit mit freien technischen Projektleitern. Diese sollten allerdings nicht zu sehr mit einem der Anbieter verbandelt sein.

Die Anbieter finden Sie in den Event- und Technikfachzeitschriften. Und auf den Leitmessen SHOWTEC in Berlin und/oder die PROLIGHT + SOUND in Frankfurt am Main.

Auch die Technikdienstleister sind auf Ihre gründlichen Informationen und sorgfältigen Briefings angewiesen. Beziehen Sie diese Spezialisten frühzeitig in Konzeption und Planung ein.

NACH DEM EVENT: DIE ERFOLGSKONTROLLE

7 Nach dem Event: Die Erfolgskontrolle

Jeder will sie. Viele sprechen davon und einige denken ernsthaft darüber nach. Es gibt leider immer noch wenige überzeugende Methoden für die Erfolgsmessung oder Erfolgskontrolle. Das Problem liegt in der Methodenwahl. Die Tools der klassichen Werbung sind weder einfach auf die Live-Kommunikation übertragbar, noch sind sie unumstritten. Also müssen eigene Ansätze entwickelt werden. Rein operative Parameter aus der Eventorgansiation wie die Teilnehmerbefragung mit Fragen wie *„Waren Sie mit der Organisation zufrieden?"* reichen nicht aus. Zudem ist der Blickwinkel des veranstaltenden Unternehmens oder der beauftragten Agentur zu subjektiv.

Die Erfolgskontrolle ist problematisch

Quantitative Ziele wie das Erreichen von Besucherzahlen, mediale Reichweitenkontakte, das Generieren von Adressen oder der unmittelbare Abverkauf, lassen sich relativ leicht überprüfen, wenn vorab realistische Ziele vereinbart wurden. Bei Messen oder Promotions ist das Standard. Aber viele Events haben „weiche" Ziele. Wie kann man Motivation messen? Wie aussagekräftig ist die unmittelbare Begeisterung nach dem Lauf über glühende Kohlen oder dem gemeinsamen tausendstimmigen Commitment-Song? Wie sieht es mit der Wirkung aus, wenn der Feuerläufer oder Sänger zum grauen Arbeitsalltag am Schreibtisch zurückgekehrt ist?

Weiche Eventziele lassen sich kaum mit einmaligen und kurzfristigen Maßnahmen erreichen. Die tollste Stimmung hält nicht an, wenn die Mitarbeiter nach einem begeisternden Fusionsevent die Kündigung erhalten.

Im Markt werben aktuell zwei Agenturen mit den von ihnen entwickelten Methoden.

zwei Methoden zur Erfolgskontrolle

Die Groß-Gerauer MAX.SENSE haben MAX.RESULT vorgestellt und bei mehreren Referenzprojekten angewendet *(www.maxresult.de)*. Der Ansatz wurde intern entwickelt und setzt zeitlich nach dem Event an. Er erfasst und bewertet qualitative Parameter. Die Agentur spricht beim Erfolg auch vom *„Return on Experience, Emotion and Engagement"* (ROE), im Gegensatz zum quantitaven *„Return on Investment"* (ROI).

Die europäische Schweizer MCI-GROUP hat zusammen mit der Marketing-Agentur REFLECTION MARKETING den EVENTFLECTOR®

Nach dem Event: Die Erfolgskontrolle

als Evaluations-Strategie vorgestellt. Hiermit lässt sich auch der Return on Investment bewerten *(www.mci-group.com)*. Gemessen wird anhand von sechs Themen und über 100 Kriterien. Die Resultate zeigen dem Marketing-Management und der Event-Projektleitung auf, ob die Event-Ziele wirklich erreicht werden, wie effektiv das Kosten-/Nutzen-Verhältnis ist und was der Event aus Marketing- und Brand-Sicht effektiv bringt. Es gibt drei Stufen, vom pragmatischen Quick-Check bis hin zum individuellen Special-Check. Beurteilt und abgefragt werden Zielgruppe, Marketing- und Kundenseite sowie die Eventspezialisten.

Egal wie Sie den Erfolg ihres Events messen und bewerten wollen, müssen Sie im Vorfeld klare und realistische Ziele definieren.

Was messen?

Definieren Sie Ihre kommunikativen Ziele, die quantitativen und qualitativen.

Handelt es sich um einfache Fragen zur Zufriedenheit der Besucher oder um die Wirkung komplexer Zusammenhänge wie Identifikation mit dem Unternehmen, Motivationsstand, Imagewerte oder Fragen zur Marke?

Wer misst?

Kann das eigene Unternehmen oder die Agentur objektiv messen? Sind die Kapazitäten, die Methoden und die Kompetenz vorhanden eine Evaluation durchzuführen und auszuwerten? Oder muss ein unabhängiges Marktforschungsinstitut hinzugezogen werden?

Wann wird gemessen?

Reicht eine unmittelbare Befragung zum Schluss des Events oder auf dem Messestand? Oder wollen Sie auch die Nachhaltigkeit ermitteln? Dazu müssen Sie festlegen, wie lange die Kommunikationswirkung halten soll. Wann ist also der richtige Zeitpunkt für eine Befragung?

Dabei kann es sinnvoll sein, schon vor dem Event bestimmte Parameter durch Interviews oder Fokusgruppen mit ausgewählten potenziellen Teilnehmern durchzuführen, um

Nach dem Event: Die Erfolgskontrolle

bei der späteren Befragung überhaupt Vergleichsmöglichkeiten zu haben.

Wie wird gemessen?

Eine Befragung kann durch Interviewer live und telefonisch durchgeführt werden. Die Antwortquote ist erfahrungsgemäß hoch. Versendete Fragebögen, vor allem, wenn das Ausfüllen länger als 15 Minten dauert, werden dagegen weniger Akzeptanz finden.

Wenn die Zielgruppe durch Intranet oder Internet vernetzt ist, kann die Befragung auch online stattfinden. Hier ist die Reply-Quote wieder höher, aber länger als 15 Minuten sollte die Beantwortung auch hier nicht in Anspruch nehmen.

Die Fragebögen müssen eindeutig formuliert und übersichtlich gestaltet sein.

Es empfiehlt sich auch die Verlosung eines Preises als Motivationsanreiz auszuloben.

Wie wird ausgewertet?

Nach der rein statistischen Auszählung müssen Sie die Ergebnisse interpretieren, bewerten und aufbereiten.

Was ist Ihnen die Evaluierung wert?

Sie sollten natürlich die benötigten Mittel für die Erfolgskontrolle ins Budget einkalkulieren. Mit einem vierstelligen €-Betrag müssen Sie schon rechnen.

PRAXIS

Erfolgskontrolle

Was waren die Ziele?	• quantitativ • qualitativ
Wie waren die Massnahmen?	• angemessen • effektiv
Welche Parameter sind wichtig?	• Motivation • Inhalte • Kurzfristigkeit • Langfristigkeit

Nach dem Event: Die Erfolgskontrolle

Auswertung von Zahlen	• Teilnehmer • Absatz
Teilnehmerbefragung	• alle Teilnehmer • repräsentative Auswahl • spezielle Auswahl • Interview • Fragebogen
Zeitpunkt	• vor dem Event • während des Events • nach dem Event

Der Lehrstuhl von Prof. Cornelia Zanger an der Technischen Universität Chemnitz beschäftigt sich mit dem Thema Evaluation *(www.tu-chemnitz.de/wirtschaft/bwl2)*.

Erfolgsmessung von Events als Dienstleistung bietet der Verlag des Blach-Reports *(www.eventresearch-online.de)*.

Mögliche Fragen für einen Feedbackbogen der Teilnehmer:

- Was versprechen Sie sich beruflich/geschäftlich von dem Event?
- Was wird die Veranstaltung für Sie persönlich ändern?
- Was haben Sie vermisst?
- Was fanden Sie gut?
- Wie gefiel Ihnen der Veranstaltungsort?
- Wie gefiel Ihnen das Hotel?
- Wie gefiel ihnen die Verpflegung?
- Wie gefiel Ihnen das Programm?
- Wie gefiel Ihnen die Organisation?
- Wie gefiel Ihnen die Betreuung?

NACHWORT

Schön, dass Sie mir bis zu diesem Schlusswort als Leser treu geblieben sind. Vielleicht geht es Ihnen nun wie mir. Die Zeit ist schnell vergangen und nun ist das Buch abgeschlossen. Beim Korrekturlesen und auch schon beim Schreiben kamen mir die Inspirationen für vertiefende und neue Aspekte.

Was für einen Event zutrifft, nämlich nicht zu viele Themen und Inhalte in einem Event unterzubringen, gilt auch für ein Buch. Ich freue mich, wenn Ihnen die Informationen und Tipps im Alltag helfen und wenn Sie Anregungen finden.

Am meisten freut mich aber, wenn Sie sagen, dass man dies oder das auch noch anders machen kann. Kreativität bricht mit Konventionen und diese sind der Feind aller Spannung. Ich wünsche Ihnen viel Erfolg und auch Spaß mit Ihren Events!

Literaturhinweise

Event-Marketing
- BEILKE, FRANK: Eventagenturen in Deutschland. Düsseldorf 2001
- BREMSHEY, PETER/DOMNING, RALF (HRSG.): Eventmarketing. Die Marke als Inszenierung. Wiesbaden 2001
- ERBER, SIGRUN: Eventmarketing. Erlebnisstrategien für Marken. Landsberg 2000
- ESB EUROPÄISCHE SPONSORING-BÖRSE (HRSG.): Event-Planer, Hilfe für den Veranstaltungserfolg. St. Gallen 1998
- GOLDBLATT, JOE JEFF (HRSG.): The International Dictionary of Event Management. Over 3500 Administration, Coordination, Marketing and Risk Management Terms from Around the World
- HAASE, FRANK; MÄCKEN, WALTER: Handbuch Event-Management. Kopaed München 2004
- HOLZBAUER, ULRICH D. u.a.: Eventmanagement. Berlin 2003
- INDEN, THOMAS: Alles Event? Erfolgreich durch Erlebnismarketing. Landsberg/Lech 1993 (Erhältlich als netbook über *www.getthepoint.de*)
- KINNEBROCK, WOLFGANG: Integriertes Event-Marketing. Vom Marketing-Erleben zum Erlebnismarketing. Wiesbaden 1993
- NICKEL, OLIVER (HRSG.): Eventmarketing. Grundlagen und Erfolgsbeispiele. München 1998
- MÜLLER, GÜNTER/FUNKE, ELMAR: Handbuch zum Eventrecht. Mit Fallbeispielen, Übersichten, Formularen und Mustertexten. Köln 2000
- OPASCHOWSKI, HORST W.: Kathedralen des 21. Jahrhunderts. Erlebniswelten im Zeitalter der Eventkultur. Hamburg 2000
- VIECENZ, THOMAS: Marketing mit Firmenjubiläen, Angewandtes Event-Marketing zur Belebung der Unternehmenskommunikation. Aachen 1996

Marketing
- KOTLER, PHILIP/ARMSTRONG, GARY/SAUNDERS, JOHN: Grundlagen des Marketing. 2. überarbeitete Auflage, München 1999
- MEFFERT, HERIBERT: Marketing, Grundlagen marktorientierter Unternehmensführung. Konzepte, Instrumente, Praxisbeispiele. Mit neuer Fallstudio VW Golf. 9., überarb. u. erw. Aufl. Wiesbaden 2000
- DERS: Lexikon der aktuellen Marketing-Begriffe. Frankfurt a. M. 1999
- WEINBERG, PETER: Erlebnismarketing. München 1992

Werbewirtschaft
- PFLAUM, DIETER/BÄUERLE, FERDINAND (HRSG.): Lexikon der Werbung. 4. überarbeitete Auflage, Landsberg am Lech 1991

Kreativität
- BUSCH, BURKHARD, G.: Erfolg durch neue Ideen. Berlin 1999
- CSIKSZENTMIHALYI, MIHALY: Kreativität. Wie Sie das Unmögliche schaffen und Ihre Grenzen überwinden. Stuttgart 1997.
- SVANTESSON, INGEMAR: Mind Mapping und Gedächtnistraining. Offenbach 1996
- REHM, SIEGFRIED: Gruppenarbeit, Ideenfindung im Team. Frankfurt a. M. 1995

Literaturhinweise

Inszenierung
- ECKERT, NORA: Das Bühnenbild im 20. Jahrhundert. Berlin 1998
- KELLER, MAX: Faszination Licht. Licht auf der Bühne. 2., überarb. u. akt. Auflage, München 2000
- THIEL, ERIKA: Geschichte des Kostüms. Die europäische Mode von den Anfängen bis zur Gegenwart. 7., erg. u. akt. Auflage, Berlin 2000
- TRILSE-FINKELSTEIN, JOCHANAN CH./ HAMMER, KLAUS: Lexikon Theater International. Berlin 1995

Fachzeitschriften

EVENT-MARKETING
- BlachReport *www.blachreport.de*
- CIM, Conference & Incentive Management *www.cim-publications.de*
- Convention International. Das Fachmagazin für Tagungsmanagement *www.convention-international.de*
- EVENT PARTNER *www.event-partner.de*
- EVENT PARTNER MM Musik-Media-Verlag *www.musikmedia.de*
- Events. das Meeting & Incentive-Magazin *www.events-magazine.de*
- EXPOData Messen und Events *www.expodata.ch*
- FVW-International *www.touristik.net*
- Incentive Congress Journal, Motivation, Incentives, Meeting & Congress, Seminare, Events, Aktionen & Attraktionen, Golf *www.incentive-journal.de*
- m+a report, das Magazin für Messen, Events und Marketing *www.m-averlag.com*
- MEP Fachzeitschrift für Marketing Events, Messen und Veranstaltungstechnik *www.mep-online.de*
- MESSE & EVENT – Europäisches Magazin für die erfolgreiche Präsentation *www.schmid-verlag.at*
- Promotion Business *www.promobizz.de*
- SpecialEvents Magazine *www.specialevents.com*
- SPONSORs. Magazin für Sponsoring und Sportbusiness *www.sponsors.de*
- Tagungswirtschaft – The International Magazine for Metting and Incentive Professionals *www.tw-media.com*

WERBUNG UND MARKETING
- Absatzwirtschaft *www.absatzwirtschaft.de*
- Aquisa – Zeitschrift für Verkauf – Marketing – Motivation *www.aquisa.de*
- Horizont *www.horizont.de*
- werben & verkaufen *www.wuv.de*

INSZENIERUNG
- Theater der Zeit *www.theaterderzeit.de*

KÜNSTLER
- Künstler Magazin *www.gedu.com*
- Trottoir. Kleinkunst, Kabarett, Varieté, Gala, Marketing-Veranstaltungen *www.kultnet.de/trottoir*

TECHNIK
- PMA Production Management *www.p-m-a.de*
- Production Partner. Professionelle Studio- und Bühnentechnik *www.production-partner.de*

Nützliche Adressen

Verbände
- ADC Art Directors Club *www.adc.de*
- Deutscher Kommunikationsverband. Berufsverband der Wirtschafts- und Gesellschaftskommunikation *www.kommunikationsverband.de*
- DPRG – Deutsche Public Relations Gesellschaft *www.dprg.de*
- Event Marketing Board Austria *www.emba.co.at* (Österreich)
- Forum Marketing – Eventagenturen im FAMAB e. V. *www.fme-net.de* (Deutschland)
- IDKV – Bundesverband der Veranstaltungswirtschaft e. V. *www.idkv.com* (Deutschland)
- ISES – International Special Events Society. *www.ises.com* (international)
- Meeting Professionals International. *www.mpiweb.org* (international)
- Swiss Expo and Event Makers *www.expo-event.ch* (Schweiz)

Event-Messen
- World of Events, Wiesbaden *www.worldofevents.de* (D, A, CH)
- EIBTM, Barcelona *www.eibtm.ch* (International)
- IMEX – The Worldwide Exhibition for Incentive Travel & Meetings & Events. Frankfurt
- IT&CMA Incentives, Travel & Conventions Meeting Asia *www.itcma.com.sg* (Asien-Pazifik)
- The Special Events, USA *www.ises.com* (USA und International)

- World Travel Market, London *www.worldtravelmart.co.uk* (International)
- Reed Travel Exhibitions. Weltweite weitere Messen: *www.travel.reedexpo.com*
- X'02 / X'Event Zürich *www.xpage.ch*

Eventportale im Internet
- *www.event-shop.de*
- *www.eventmanager.de*

Künstler
- Kulturbörse Freiburg. Internationale Messe für Bühnenproduktionen *www.kulturboerse-freiburg.de*
- Shortcuts Lübeck *www.muk.de*
- Show & Event und Künstlerkatalog. Stuttgart *www.gedu.com*
- Der Künstler-KAY, KAY Publishing GmbH *www.kay-verlag.de*
- kd-Künstlerdienste der Bundesanstalt für Arbeit *www.arbeitsamt.de*
- ZBF-Zentrale Bühnen-, Fernseh- und Filmvermittlung der Bundesanstalt für Arbeit *www.arbeitsamt.de*

Technikverband
- DTHG Deutsche theatertechnische Gesellschaft *www.dthg.de*

Technikmessen
- ProLight & Sound Frankfurt *www.prolight-sound.de*
- SHOWTECH, Berlin *www.showtech.de*

Messe
- EuroShop, Düsseldorf *www.euroshop.de*

NÜTZLICHE ADRESSEN

Destinationen
- Austrian Convention Bureau
  www.acb.at
- German Convention Bureau
  www.gcb.de
- Schweizer Fremdenverkehrsamt
  www.switzerlandtourism.ch

Vorschriften
- Unfallverhütungsvorschriften BGV C 1
  (bisher VBG 70) *www.vbg.de*
- Versammlungsstättenverordnung
  (Deutschland) *www.uni-muenster.de/ Rektorat/Sicherheit/gvv/vst_01.htm*
- Veranstaltungsgesetze (Österreich)
  www.ris.bka.gv.at

Urheberrecht / Verwertungsrechte
- AKM Autoren, Komponisten, Musikverleger Gen.mbH (Österreich)
  www.akm.co.at
- GEMA Gesellschaft für musikalische Aufführungs- und mechanische Vervielfältigungsrechte (Deutschland)
  www.gema.de
- SUISA (Schweiz) *www.suisa.ch*

Stichwortverzeichnis

Abreise, individuelle 165
Adaptieren 82
Agentur 19 ff.
Agenturbriefing 54
Agenturnetwork 27
Akkreditierung 162
Akt 87
Akteur 95, 177 ff.
Aktion 119
Aktionsskala 18
Aktivierung 13, 32 f., 119
Anfahrtbeschreibung 165
Anreise, individuelle 165
Anzahlung 130
Auftrag 73
Aufzug 87
Ausstattung 99 f.

Bankett 176
Bauform, innere 89
Behinderung 163
Besonderheit, regionale 157
Bestuhlung 174 ff.;
  parlamentarische 175;
  Reihenbestuhlung 175
Bestuhlungsformen 176
Bestuhlungsplan 175
Betischung 174 ff.
Bewusstseinsbildung 31
Bild 101
Brainstorming 75
Brandpark 46
Briefing 23, 53 f., 73;
  schriftliches 124
Budget 10, 63, 67
Budgetvorgabe 121
Buffet 113 f.; fliegendes 114
Buffetdeko 116
Bühne 99 f.

Catering 111 ff., 128;
  inszeniertes 113
Checkliste 147
Chronologie 91 f.
Commitment-Act 42
Copyright 68
Corporate Culture (CC) 157
Corporate Design (CD) 157
Corporate Event 30
Corporate Identity (CI) 157

Delegation 146 ff.
Destination 59 f., 166
Dialektik 92
Dinner 176
Dokumentation 145
Domäne 70
Dramaturgie 85 ff.;
  klassische 89 f.
Drehbuch 97, 151 ff.
Duft 110
Durchführungskosten 125

Einnahmen 139
Einwegansprache 41
Eisenhower-Matrix 147
Emotionalisierung 32 f.
Emotionalisierungspotenzial,
  hohes 45
Emotionsskala 15
Emotionsstatus 15
Emotionsweckung 15
Empfangschef 117
Erfolgskontrolle 179 ff.
Erwartungsskala 19
Event, anlassbezogener 31;
  zielbestimmter 31 ff.
Eventagentur, typische 20
Eventanlass 56

Eventidee 61 f.
Eventlebenszyklus 132
Event-Marketing 9,
  Konstanten 30
Eventprozess, kreativer 73
Eventsoftware 140
Eventsound 109
Eventzeitpunkt 58 f.
Eventziel 60 f.
Exhibition Event 30
Exklusivität 169
Exposition 90

Feedbackbogen 182
Finesse, dramaturgische 91
Fingerfood 115
Fluter 106
Follow-Up 163
Fremdleistungseinzelkosten
  123, 125 ff.
Full-Service-Dienstleistung 20

Gala 176
Gemeinkosten 134
Gesamtinszenierung 94
Getränke 115
Get-Together-Event 32
Gewerk 143, 154 ff.
Gewinnzuschlag 137
Grundbeleuchtung 105

Haftung 154
Handlingcharge 131
Handlungsstrang 88
Haptik 119
Höhepunkt 90
Honorarguide 26
Honorarkosten 52
Hotel 166

188

Stichwortverzeichnis

Idee 50, 65
Ideenbewertung 62
Ideenskizze 50, 66
Imagebildung 37
Imagebroschüre 22
Incentive-Event 32
Informationsskala 14
Infotainment 34
Inspiration 70, 74
Inszenierung 85 ff., 93 ff., 127;
  Mittel 93 ff.

Jahreshauptversammlung 57
Jubiläum 56

Kalkulation 121 ff.
Kapazitätsproblem 167
Key-Visual 163
Kombinieren 83
Kommunikation, integrierte 63;
  klassische 41;
  vernetzte 27
Kommunikationsaufgaben,
  klassische 13
Kommunikationsinstrument 29
Kommunikationsmix 28
Kommunikationstechnologie,
  neue 47
Kommunikationsziel 10, 40
Konzept 20, 50 ff.;
  Inhalte 55 ff.
Konzeptgliederung 84
Konzeptionshonorar 53
Kooperation 39
Kostenarten 123 ff.
Kostenübernahme 168
Kreativer 71
Kreativität 69 ff.
Kreativitätsmethode 75
Küche, koschere 112
Kulisse 99

Künstler 177 ff.
Künstlervertrag 96, 177

LED-Großbildwand 104
Licht 104 ff.
Linsenscheinwerfer 106
Live-Erlebnis, interaktives 41
Location 59, 169 ff.;
  passende 169
Locationrecherche 171 ff.

Marke, starke 45
Markenwelt, inszenierte 46
Marketingaktion, singuläre 27
Marketing-Event 9, 28 ff., 44
Massenmarkt 48
Medien 101
Medienproduktion 127
Mehrgangmenü 114
Mengenkalkulation 130
Mengenpreis 130
Messe 36, 57
Messe-Event 35
Me-too-Strategie 62
Milieu 12, 48
Mind-Mapping 78 ff.
Mittel, szenisches 35
Moderator 95
Modifizieren 82
Morphologischer Kasten 77
Motivation 13
Motivationsskala 16
Motivationsveranstaltung 32
Motto 65
Moving Light 107
Multiplikator 38
Musik 97 f.

Nachbereitungskosten 129
Nachkalkulation 122 f.
Nummerndramaturgie 86

Organigramm 145
Organisation 140 ff.
Organisator 145
Osborne-Methode 81

PAR-Scheinwerfer 106
Pauschalierung 138
Pause 88
Personal 162
Personaleinzelkosten 132 f.
Pitch 23
Planung 140 ff.
Point of Sale 35
Präsentation 68 f.
Presse-Event 38
PR-Event 38
Prioritätensetzung 146 ff.
Produkteinführung 57
Produktkommunikation 35
Profilscheinwerfer 107
Projektkosten 123
Projektmanagementsoftware 140
Projektordner 141
Projektverlauf 144
Promotion-Event 35
Prozess, kreativer 84
Public Event 30

Rahmenhandlung 92
Raum 99 f.
Raumanforderungen 170
Redner 95
Referent 95
Regieplan 149 f.
Registrierung 162
Reise 164 f.
Reservierung 169

Sammelphase 73
Sänger 95
Scanner 108

Stichwortverzeichnis

Schauspieler 95
Scheinwerfertypen 106 ff.
Security 128
Selbstkosten 123, 131 ff.
Sicherheit, bauliche 173;
  betriebliche 173
Sicherheitsprotokoll 156
Soundeffekt 109 f.
Spannung 88, ganzheitliche 92
Sponsoring 39
Sprache 97 f.
Steuerpflicht 96
Strategie 65
Szene 48
Szenemarkt 48

Tag der offenen Tür 36
Tanz 97 f.
Tänzer 95
Teamwork 144
Technik 178
Teilnehmer 11 ff., 158 ff.;
  aktiver 42;
  konkreter 11
Teilnehmerakquise 158
Teilnehmerbetreuung 161

Teilnehmererwartung 18
Teilnehmermanagement 160
Tellergericht 114
Telnehmereinladung 159
Termin 144
Terminierung 158
Textbeitrag 98
Themenblock 88
Tischdeko 116
Tischordnung 117
Toneffekt 109 f.
Transfer 164 f.
Transport 164 f.

Überprüfung, laufende 84
Umfeld, kommunikatives 63
Umsatzsteuer 138
Umschwung 90
Umsetzung 66
Unternehmens-
  kommunikation 36

Veranstalter 96
Veranstalterhaftpflicht 155
Veranstaltung 9
Veranstaltungskauffrau 25

Veranstaltungskaufmann 25
Verfolger 107
Versicherung 128, 154
Videoproduktion 102
VidiWall 103
Visualisierung 66
Vorbereitungskosten 125
Vorkalkulation 121 f.

Wahrnehmungsleistung,
  menschliche 43
Werbebotschaften,
  zunehmende 43
Werbemittel 158
Werbung, allgegenwärtige 44
Wettbewerbspräsentation 23

Zeit, objektive 88;
  subjektive 88
Zeitebene 88
Zielgruppe 10 ff., 55, 64;
  homogene 12
Zielgruppenansprache 39
Zielgruppenmarkt 48
Zwischenabrechnung 130
Zwischenkalkulation 122

Smiley
Erfolg durch Humor fördern

Dem Ernst des Lebens tut ein Schuss Humor gut. Das Buch zeigt, wie Humor funktioniert, wie man bewusst mit ihm umgehen und mit Witz und Esprit punkten kann: zur Verbesserung des Arbeitsklimas, im Umgang mit Chefs, Kollegen und Kunden, zur Motivation von Mitarbeitern oder zur Steigerung des eigenen Selbstgefühls.

Albrecht Kresse/Eva Ullmann
**Humor im Business –
Gewinnen mit Witz und Esprit**
184 Seiten, kartoniert
ISBN 978-**3-589-23599-5**

Weitere Informationen zum Programm erhalten Sie im Buchhandel oder im Internet unter **www.cornelsen.de/berufskompetenz**

Cornelsen Verlag • 14328 Berlin
www.cornelsen.de

Herkulische Säulen
Für den Geschäftserfolg

Jeder, der kaufmännisch arbeiten und handeln muss, findet in diesem Band die Basisinformationen zu den wesentlichen praxisorientierten Bereichen: Grundlagen, Finanzen und Rechnungswesen, Unternehmensführung, Recht, Officemanagement, Marketing.

Michael Olaf Winter
Handbuch für die kaufmännische Praxis
432 Seiten, Festeinband
ISBN 978-3-589-23650-3

Erhältlich im Buchhandel. Weitere Informationen zum Programm gibt es dort oder im Internet unter **www.cornelsen.de/berufskompetenz**

Cornelsen Verlag • 14328 Berlin
www.cornelsen.de